AF252788

Le Château de Bagatelle

CH. FOULARD
7, QUAI MALAQUAIS, 7
PARIS

Le Château

DE

BAGATELLE

LE
CHATEAU
DE
BAGATELLE

ÉTUDE HISTORIQUE ET DESCRIPTIVE

SUIVIE D'UNE NOTICE SUR

LA ROSERAIE

CHARLES FOULARD

— 7, QUAI MALAQUAIS, 7 —

PARIS

LE CHATEAU

DE

BAGATELLE

—— ✕ ——

I

L E château de Bagatelle est situé sur la rivière du bois de Boulogne, sur une faible hauteur qui domine la vaste pelouse où, le dimanche, s'ébattent les amateurs de sport et jeux anglais.

De sa terrasse, l'on peut assister à ces tournois modernes et contempler le riant paysage d'alentour.

A gauche les côteaux verdoyants de Meudon et de Saint-Cloud ; au dessous les rives ombragées de la Seine et la plaine de Longchamp ; en face Suresnes et le mont Valérien ; en arrière, les frondaisons du parc et du bois de Boulogne. On pénètre dans le vaste enclos soit du côté du bois par une voie qui donne sur l'allée des Acacias, soit du côté de la Seine par une poterne accostée de deux gracieux pavillons, ornés d'horloges, qui plus d'une fois sonnèrent l'heure du berger. Dans le cadre formé par ces deux corps de garde, au fond d'une cour allongée, ornée de deux larges tapis de verdure, se dresse blanche et simple la demeure au fronton de laquelle est inscrite la devise socratique « *Parva sed apta* ». Petit en effet est ce château, ou plutôt ce pavillon dont la taille est peu en proportion des souvenirs évoqués, des hôtes hébergés, et du beau parc qui l'entoure. Cinq fenêtres et la porte en trouent la façade. Un rez-de-chaus-sée surélevé, un étage et des mansardes sous le toit à l'Italienne bordé de balustres au-dessous desquels une frise sculptée développe trois hauts reliefs composés d'urnes de fleurs, de macarons grimaçants, accostés de sphinx. Le perron est orné de deux sphinx de marbre chevauchés par des amours folâtres, souvenirs conjugués de la Régence et de l'Empire, évidemment ajoutés par les acquéreurs modernes de cet Eden en minia-ture ; quatre colonnes de marbre rouge soutiennent un balcon à la rampe de fer ouvragé. A droite et à gauche deux niches garnies de déités païen-nes, Bacchus et Hébé, statuettes de stuc un peu éffritées qui doivent dater du Directoire. En arrière une rotonde s'érige couvrant le salon haut des deux étages qui ouvre ses fenêtres sur le jardin à la française, dont les ordonnances régulières préludent aux fantaisies capricieuses du parc anglais qui s'étend vers le bois.

Revenons vers la cour qui est en contre-bas et entourée de terrasses à balustres, à gauche celle qui domine la pelouse et la Seine, à droite celle où se dresse un majestueux bâtiment à l'Italienne avec porche et perron à loggia et à colonnes, dressé là pour loger les invités (1). Sous les terrasses et sous-sol, percés de soupiraux, s'alignent cuisines, celliers, caves, boucheries, rôtisseries et autres communs d'une princière demeure.

Nous décrirons l'intérieur de ces bâtiments avec le plan de l'archi-tecte Bellanger qui fût respecté jusqu'à nos jours, ou presque, ce qui nous permet de dresser le décor à peu près tel qu'il fût au XVIIIe siècle.

Le parc s'étend ombreux et pittoresque avec ses jolies fabriques et ses sîtes joliment ménagés, dans la perspective du salon une pelouse conduit au bord du lac qui s'embellit d'une cascade et d'une grotte dans le genre de celles du Bois. De superbes essences entourent cette pièce d'eau. Des saules, des sophoras du Japon, des hêtres pleureurs se mirent dans les eaux sombres dominées par de hauts peupliers, de l'aulne impérial, de cèdres de l'Himalaya et du Liban. Les roches de la grotte sont adossées d'abeillers. Le long des allées qui bordent ce lac, nous trouvons le thuya doré et le thuya panaché d'orient formant de beaux massifs aux sombres verdures, moins sombres pourtant que celles des cyprès de Lawson et des sapins de Céphalonie. Voici, plus loin, des touffes de laurier-cerise et de chèvrefeuille, des tulipiers de Virginie et copalines d'Amérique, dominés par l'if pyramidal. Nous remontons le cours d'une petite rivière qui serpente sous les branches à travers les mamelons qui accidentent

---

1. Ce bâtiment est de construction moderne.

ce parcours et le font paraître plus grand qu'il n'est en réalité ; il mesure cependant 24 hectares clos de murs. Nous voici au bord d'une mare au fond de laquelle s'érige un rocher colossal du haut duquel dégringole une paradoxale cascade au milieu des troncs noueux d'arbres centenaires. Non loin de là, l'on remarque d'exotiques arbustes : le cerisier pleureur, le subold, le chicot du Canada, des cupulifères, tels le bouleau blanc, le bouleau à papier. En suivant le caprice des allées, nous rencontrons le cèdre, celui de l'Atlas, jeune encore relativement, mais qui promet de devenir géant. Voici des tilleuls de Hollande, et pêle-mêle des sapins de Smitte, des chênes pyramidaux, des magnolias, des alteas, des platanes d'Orient, des savonniers pamiculés, des vernis du Japon, des mélèzes d'Amérique, des sapins punsapo d'Espagne, le sequoyer gigantesque de Californie. Le long des pelouses et aux bords des allées, des rosacés de Lalande, des buissons ardents, des paviers rouges de l'Amérique du nord, des forsythies à feuillage très vert, du houx à feuille de laurier, des plantes et des fleurs de toutes espèces se rangent et se rangeront plus nombreuses tous les jours par les soins d'une armée de jardiniers et pour l'instruction botanique des générations futures, sous l'intelligente direction de M. Forestier, conservateur du Bois de Boulogne.

Nous passons devant la grille qui entoure le rond-point d'entrée du côté du bois et de l'allée des Acacias. Deux portes de merveilleuses ferronneries s'y remarquent ainsi que le pavillon octogonal du concierge, très œil de bœuf avec ses macarons, ses guirlandes, ses coupoles, ses trumeaux et ouvertures ovales, ainsi que ses mansardes, un vrai bijou dix-huitième siècle, tout blanc, avec son sertissage de sombres frondaisons. A gauche de cette entrée, des allées ombragées, vrais tunnels de verdure conduisant à la roseraie dominée par un tertre couronné d'arbres, sur lequel se dresse un pavillon de bois découpé au style vaguement chinois. Une symphonie de suaves odeurs vient vous charmer sous cet abri d'où l'on a une échappée de vue superbe avec les parterres de roses au premier plan, un large rideau d'arbres au second, et les coteaux superbes de Suresnes et le Mont-Valérien comme voile de fond. Cette roseraie est formée par une collection provenant de la roseraie de l'Haÿ, donnée par M. Gravereaux.

Au milieu des roses un cerf aux abois, groupe en bronze. A gauche des treilles, guirlandes et de rosiers sarmenteux, à droite l'orangerie avec ses baies en plein cintres, ses petits carreaux et son toit à balustres à l'Italienne. Comme constructions : plus loin, semées dans la verdure encore des fabriques : le pavillon jardinier, les écuries ; derrière le pavillon chinois, nous trouvons un châlet suisse en ruines, ingénieusement construit de branches et de troncs d'arbres. Plus loin le mur de clôture s'abaisse et forme terrasse, avec saut de loup séparant du bois, où nobles seigneurs à talons rouges et nobles dames à paniers venaient épier sans danger le rut des cerfs.

En revenant vers le château, nous franchissons l'eau sur un pont rustique qui domine les méandres de la rivière. Là grouillent autour d'une île pittoresque, carpes et brochets, tandis que des cygnes noirs de la nouvelle Zélande glissent majestueux et lents poussant parfois un cri discret.

A côté, contre un taillis boisé, voici les ruines d'un ermitage dont les fenêtres sont encore garnies de carreaux de plomb et de vitraux ! Une voûte sombre conduit au bord de l'eau et des sentes en labyrinthe mènent à la tour ou cloche gothique qui forme belvédère et domine ce décor moyenageux un peu dépaysé en ces bocages floriannesques.

Telle est la vue générale et d'ensemble de cet enclos que la ville de Paris a fait rentrer dans nos domaines. Il restera clos et enchassé dans le vaste bois qui l'entoure. Cette *bagatelle* offerte aux parisiens fut payée celle de six millions sept cent mille francs au propriétaire du moment. Cela ne faisait guère que 25 francs le mètre carré, car le parc ne contient pas moins de vingt-quatre hectares. Ce marché de 1904 était assurément avantageux, mais il donna lieu à des procès bizarres avec les intermédiaires de la vente.

Après cet aperçu de ce qu'est Bagatelle à notre époque, il est plus intéressant de connaître ce qu'il fut jadis, qui l'entoura, qui le posséda, quels furent les créateurs et les hôtes de ce charmant séjour, quelles transformations il subit à travers les deux siècles où il fut témoin de tant de scènes galantes, plaisantes ou tragiques.

Cette distraite habitation perdue au milieu du bois de Boulogne était bien faite pour abriter les fêtes et les amours des seigneurs et nobles dames d'une des cours les plus licencieuses du XVIIIe siècle, galante époque, s'il en fut, où les chaînes de l'hyménée n'entravèrent que fort peu le libre essor des cœurs.

II

C E ne fut pas Mlle de Charolais, selon l'opinion commune, qui édifia cette petite maison, mais bien le maréchal d'Estrées (1), fils de Jean d'Estrées, petit-neveu de la belle Gabrielle d'Estrées, la maîtresse d'Henri IV. Il se distingua comme vice-amiral aux Antilles sous les ordres de Tourville, à la Hougue, puis au combat de Lagos. Il conduisit Philippe V à Naples, en 1700.

Victor-Marie duc d'Estrées, maréchal de France, vice-amiral, ministre, servit de Mentor au comte de Toulouse qui commandait la flotte contre les Anglais. Ministre de l'Etat sous la Régence du duc d'Orléans, président du conseil de la marine, il devint membre de l'Académie française et de l'Académie des inscriptions et belles lettres. Il mourut en 1737 ; il était né le 30 novembre 1660.

Ses états militaires n'étaient pas des plus brillants. En 1704, il avait été chansonné d'importance pour avoir refusé de combattre l'amiral anglais Booke qui voulait attaquer le grand amiral, comte de Toulouse. C'était un lettré ou tout au moins, un bibliophile qui avait formé dans son hôtel de la place Vendôme une bibliothèque de 25 à 30.000 volumes, qu'il légua à son fils le marquis de Boufflers ainsi que sa superbe collection de statues, de tableaux et de médailles. Le catalogue de cette magnifique collection d'art est encore fort recherché. Avec M. le Duc, il était directeur d'honneur de la Compagnie des Indes. Il avait ainsi amassé une fortune considérable.

Ce grave personnage était surtout remarquable par son extrême étourderie, dont le président Hénault, dans ses mémoires, cite quelques piquants exemples. Ce fut sans doute cette faiblesse de caractère qui l'empêcha de remarquer la légèreté de sa femme. Par précaution néanmoins cette dernière eut soin d'établir le quartier général de ses galantes aventures dans le pavillon de Bagatelle, où elle séjourna constamment.

---

1. Victor-Marie, duc d'Estrées, maréchal de France, vice-amiral, ministre d'Etat.

Elle était si bien placée pour se mêler aux plaisirs de la Cour, non loin de la Muette, de Saint-Cloud et de Madrid, où habitait alors son amie, Mlle de Charolais. Il y avait bien là l'abbaye de Longchamp, pour rappeler à de plus austères devoirs, mais depuis la mort de Vincent de Paul, la règle en était un peu relachée, tant et si bien qu'on ne s'y rendait guère que pour parader en belles toilettes et en des carrosses de porcelaine. Le monastère du Mont-Valérien était trop loin pour qu'on songeât à y aller dire des patenôtres. La belle maréchale, en ce tranquille séjour, reçut une nombreuse société parmi laquelle elle sut discerner des amis de choix qu'elle s'attacha par les plus tendres liens. Le chevau-léger de Marsilly gagna ses faveurs pour quelque temps. Mais elle le délaissa pour le beau Chavelin, l'avocat-général. — *Cedant arma togœ.* — Celui-ci mourut en 1715, usé par les fatigues de sa charge et peut-être aussi de ses amours.

Le président Hénault lui succéda et sut garder ce cœur volage. Il régna longtemps à Bagatelle sans que le mari fit ombrage à cette liaison qui n'était guère dissimulée. Mais les libres mœurs du temps admettaient ces peccadilles. D'ailleurs le maréchal ne se faisait pas faute de rendre à sa femme la monnaie de sa pièce.

Il venait souvent aussi faire les honneurs du logis quand il le fallait, surtout quand le régent, accompagné de la favorite du jour, venait faire un tour à Bagatelle. Et cela arrivait souvent à ce bon prince qui savait trouver là des amis complaisants.

Nous trouvons dans le journal de Barbier le récit de l'une de ces petites fêtes. Elle est datée d'août 1721.

« Mardi, 12, le maréchal d'Estrées donna à souper au régent avec « Madame d'Averne, dans la petite maison de la maréchale qui est au « bord du bois de Boulogne, vis-à-vis l'eau. Cette maison, quoique nommée « Bagatelle, lui a coûté cent mille livres au moins, mais ils ont gagné des « biens immenses. Je soupai ce même jour au bois de Boulogne, dans une « maison voisine ; nous les vîmes tous passer. J'admirai la hardiesse du « régent, qui sait ou doit savoir qu'il n'a pas donné sujet de l'aimer, et « qui était cependant dans un carrosse, la maréchale à côté de lui, la « d'Averne sur le devant, deux valets de pied seulement, sans un page « ni un garde : cela ne peut pas s'appeler avoir peur. Avant souper ils « se promenèrent sur l'eau ; nous entendîmes, de dessus la terrasse, des « fêtes de musique ; de là, le régent s'en alla coucher à St-Cloud. »

Marais raconte qu'à cette fête, le régent but à la santé de Mme de Parabère, qu'il avait quittée, paraphasant ainsi la formule monarchique : « Le roi est mort, vive le roi !... »

Barbier nous donne des détails sur l'ancienne et la nouvelle maîtresse. La mutation avait eu lieu en juin de la même année.

« L'histoire galante de la Cour est que le régent a quitté Madame de
« Parabère, sa maîtresse, fille du marquis de la Vieuville. Il a pris
« Madame d'Averne, fille de M. de Bregis, conseiller au Parlement,
« jeune et belle femme de M. Ferrand d'Averne, lieutenant aux gardes,
« maîtresse auparavant du jeune marquis d'Alincourt, second fils du duc
« de Villeroi. Le régent lui a envoyé cent mille livres pour avoir un
« habit d'été. »

Elle l'inaugura sans doute à Bagatelle, ce bel habit.

Mais ce fut surtout quand le roi fut en âge d'avoir des maîtresses que la maréchale eut le loisir d'exercer son hospitalité. Voici en effet ce que nous conte le marquis d'Argenson :

« 17 avril 1730. — Au voyage de la Muette que fait le roi actuellement,
« la partie est gaillarde et indépendante. On a invité les dames qui en
« sont ordinairement et auxquelles on est accoutumé. On dîne à Madrid
« chez Mademoiselle de Charolais, on soupe à la Muette; dans l'après-midi
« à Bagatelle, chez la maréchale d'Estrées : on y passe joyeusement le
« temps, on y fait l'amour, si vous voulez ; tout est bien réglé ; mais, de
« plus, on y traite avec irrévérence le pauvre bonhomme de cardinal, on
« ne parle que de lui, de sa décrépitude et de sa cour d'Issy. Le roi en est
« saoul, en est las, le déteste, et il n'y a plus qu'un peu de vertu qui le
« retient. »

Comme on le voit, le pauvre cardinal de Fleury n'était pas en odeur de sainteté auprès de la coterie politique qui ne cherchait à le voir et à flatter ses passions que pour exercer une action prépondérante et surtout pour disposer des bénéfices et des hautes charges.

Le marquis d'Argenson nous donne le menu de ces intrigues :

« Septembre 1738. — Il y a eu depuis peu une tracasserie domestique
« dans les affaires de la garde robe du roi. Madame de Mailly, maîtresse
« de Sa Majesté, était souvent obligée d'aller à Madrid chercher Mademoi-
« selle de Charolais, qu'on n'appelle que *Mademoiselle*, car, de là, elle
« avait la commodité d'aller passer les nuits à la Muette quand le roi y
« était en traversant le bois de Boulogne par des allées étroites et qui, le
« soir, sont fermées par des barrières vertes. De cette nécessité est venue
« la familiarité de Mademoiselle avec Sa Majesté, mais bientôt cette faveur

« de m..... age a dégénéré en ambition. Mademoiselle, de concert avec
« l'évêque de Rennes, son amant, Louis Guy de Guerapin de Vauréal,
« qui fut plus tard ambassadeur d'Espagne, et avec la maréchale d'Es-
« trées, a lié cette partie : on prétendait vendre à Madame de Mailly la
« maison qu'a la maréchale dans le bois de Boulogne, nommée Bagatelle,
« ce qui aurait mis ladite maîtresse plus que jamais couleuvrine de la
« commode (à la merci de la complaisante.) On a éludé ce coup.

« Ce triumvirat devait donc gouverner le royaume par la maîtresse du
« roi. On a commencé par lui mettre l'ambition en tête ; c'est ainsi que le
« serpent tenta la femme. On l'a excitée à devenir maîtresse déclarée, à
« être créée duchesse, à obtenir de grands biens ; on lui a représenté
« que ses appuis auprès du roi, les amis tels que messieurs Chauvelin (1)
« et Bachelier (2), la barreraient toujours sur les grandeurs, pour la
« lancer dans la dépendance, et effectivement, il en pouvait bien être
« quelque chose.

« Bachelier dit de la meilleure foi du monde, qu'il faut seulement que
« Mme de Mailly soit tirée de pauvreté et ait de l'aisance dans ses affai-
« res ; mais qu'à Dieu ne plaise que les bons serviteurs du roi souffrent
« jamais qu'on renouvelle les horribles scandales du précédent règne,
« l'intronisation d'une maîtresse régnante à la cour, des bâtards adulté-
« rins élevés à côté des princes du sang et usurpant toutes les grandes
« dignités de l'Etat. Et certes, ces discours sont beaux et bons, ils vien-
« nent bien de M. Chauvelin ; mais il est vrai qu'on peut y suspecter
« l'intérêt personnel de rendre leur propre crédit inutile, en élevant trop
« la maîtresse qui sortirait d'abord de toute dépendance d'eux.

« Le triumvirat dont j'ai parlé a fait voir les lieux ouverts à Mme de
« Mailly par leurs conseils ; mais bientôt le roi a su ce complot de le
« gouverner, lui et son royaume par cette voie, et il s'en est mis en colère :
« on a été à la découverte. L'abbé V., ami de H., y a beaucoup servi,
« s'étant raccommodé avec la maréchale d'Estrées, pour savoir tous
« leurs secrets et pour la détourner de cette intrigue périlleuse, où elle
« perdrait bientôt tous les secours du roi dont elle a besoin. Mme de Mailly
« s'est aperçue de la froideur du roi, et bientôt elle s'est repentie, et elle
« a pleuré avec une sincère pénitence.

« La méchante Mademoiselle, enragée, s'est retournée vers le vieux car-
« dinal de Fleury, elle a eu avec lui de longs entretiens ; il s'agissait de

---

1. Garde des sceaux et ministre des affaires étrangères.

2. Secrétaire du Roi.

« donner au roi une autre maîtresse, de qui ce vieux prélat avait grande
« passion, afin de faire tomber le crédit de Messieurs Chauvelin et Bache-
« lier et même de les ruiner. Mais le roi a connu bientôt quelle était la
« dangereuse intrigue de cette princesse et elle est disgrâciée foncière-
« ment, tout autant qu'elle peut l'être, sauf les apparences publiques
« qu'on évite. »

Le marquis d'Argenson ne se montre pas tendre pour Mademoiselle
de Charolais et pour cause, car cette dernière ne perdait aucune occasion
de nuire à son crédit auprès du roi, ainsi que nous le verrons dans la
suite. Mais l'influence de cette dernière sur l'esprit du monarque est plus
considérable que veut bien l'avouer d'Argenson. Une page de Barbier en
témoigne :

« Août 1739. — Un homme de la cour qui voit les choses de près et qui
« a du sens, prétend qu'à la mort du cardinal, le roi se livrera tout entier à
« Mademoiselle et sera gouverné par elle, non par amour, mais par la force
« de sa hauteur et de la faveur, à quoi elle joint beaucoup d'esprit, dit-on.
« Mademoiselle a pour conseil, c'est-à-dire pour amants, l'évêque de Ren-
« nes et l'abbé Dedit. »

Dès cette époque Louis XV était donc mûr pour subir le joug politique d'une femme ; mais après Fleury ce ne fut pas Mademoiselle qui fut
bénéficiaire de cette tendance, ce fut la Pompadour.

Et voici les moyens employés par cette adroite et peu scrupuleuse princesse pour en arriver à ses fins :

« La princesse sert de commode et au milieu de ses complaisances, elle
« en propose une plus jolie au roi, tandis qu'elle exhorte Mme de Mailly à
« profiter de son règne et en tirer meilleur parti pour la richesse et les
« grandeurs. La maréchale d'Estrées s'y est jointe et apporte dans la société
« son expérience, et le cardinal de Rohan, son amant. »

Comme on le voit, l'armée, la magistrature, puis le clergé concourent
et se succèdent pour embellir les jours de l'aimable propriétaire de Bagatelle et soutenir sa puissance liée à celle de Mlle de Charolais. Et d'Argenson constate avec dépit toutes ces menées, tout en en contestant la
portée :

« Décembre 1738. Mademoiselle a grand monde à sa maison de Madrid,
« on dine chez elle et les dames soupent à la Muette, surtout Mme deMailly.
« La maréchale d'Estrées joue aussi un prétendu grand rôle à Bagatelle,
« dans ce même bois de Boulogne, et en tire grande vanité.

« Septembre 1739. On m'a rendu une conversation de Mademoiselle
« qui me fait l'honneur de me vouloir du mal, parce qu'elle me croit l'ami
« de M. Chauvelin. On a parlé du Portugal à un souper dans les cabinets,
« et elle a dit : « Il n'y a pas grand mal que cet homme-là n'aille pas dans
« cette cour ; il est tout d'une pièce, il faut un homme plus fin et plus
« délié pour ces Portugais, car il faut absolument attraper ces gens-là et
« leur argent. »

« Beaux discours assurément, et qui sied bien à une princesse française !
« Le roi l'a écoutée, lui a ri au nez et a haussé les épaules. Au reste elle
« ne me connaît que pour ouï dire, car je ne suis pas Dieu merci, dans de
« telles fréquentations.

« Le prétendu parti de Mademoiselle faisait trop d'éclat, et ses liaisons
« avec le cardinal ont trop marqué pour qu'il ne fut pas temps de l'arrêter.
« Cela fortifiait le parti du cardinal, tandis qu'on souhaite qu'il diminue
« extérieurement et en quelque sorte, par transpirations, sur cela il a été
« résolu de faire retirer peu à peu Mme de Mailly d'auprès de Mlle de
« Charolais et à l'instant, ladite princesse se trouve n'être plus rien qu'une
« m..... à louer, ainsi que la maréchale d'Estrées.

« Mai 1740. Mademoiselle a reparu à Versailles, mais sa tabatière avec
« son portrait en cordelier, envoyés avec affectation à Mme de Mailly, mar-
« quent de plus en plus sa disgrâce, et le froid a succédé à la faveur du roi.
« Mme la Maréchale d'Estrées, convertie dans son état de m....., insulte à
« la disgrâce de cette princesse. »

Dans son ressentiment, le marquis d'Argenson ne craint pas les gros
mots pour qualifier le rôle peu édifiant d'ailleurs de ces intrigantes de
haut lignage. Celles-ci pouvaient un moment perdre la faveur du roi, mais
elles savaient rapidement reprendre leurs avantages et les annales de
Bagatelle peuvent constater que, jusqu'à sa mort, la maréchale et sa
fidèle amie Mademoiselle furent une puissance dans l'Etat, sorte de minis-
tres en cotillon, et plus que jamais la cour, le monarque et sa favorite
surent trouver le chemin discret de la petite maison du bois où les parties fines se succèdent.

Et le pli fut si bien pris, que lorsque la maréchale rendit à Dieu sa
belle âme, à laquelle il fut beaucoup pardonné puisqu'elle avait beaucoup aimé, le roi et la cour continuèrent de fréquenter chez celle qui
lui succéda à Bagatelle.

Ce lieu était assurément prédestiné à abriter les dames faciles et hospi-
talières. Mais ce n'était pas encore Mademoiselle de Charolais qui devait
y transporter ses lares.

C'est la belle Madame de Cursay qui vient s'établir à Bagatelle vers 1748.

C'est encore d'Argenson qui nous en informe :

« 30 septembre 1748. — Voilà le déplacement de la marquise de Pom-
« padour qui s'assure et s'avance, cela prend toute la tournure de la
« quitterie de Mme de Mailly, des bouderies marquées, des duretés tem-
« pérées par des douceurs affectées. Au dernier Choisy, la marquise fit la
« malade et se mit au lit, au lieu de descendre dans la salle d'assemblée.
« Le roi ordonna à son chirurgien La Martinière d'aller voir ce que c'était
« et de ne point mentir. Le chirurgien dit qu'elle était véritablement indis-
« posée ; le monarque reprit : « Mais a-t-elle de la fièvre ? — Non, sire. —
« Eh bien, qu'elle descende. » Et elle descendit.

« Voici du sérieux. Le roi aime la princesse de Robecq, fille de
« M. de Luxembourg. Avant de partir pour Choisy, Sa Majesté a demandé
« à la reine que cette dame fut dans le palais à la première occasion ; la
« reine a rêvé et a répondu que cela serait. Mais on a remarqué que le roi
« a songé comme un enfant et est devenu cramoisi en proposant cela.

« De plus on prétend qu'au dernier voyage de la Muette, le roi est allé
« se promener à Bagatelle, maison aujourd'hui à Mme de Cursay, que
« Mme de Robecq s'y était trouvée, et que le souverain et la dame avaient
« disparu un quart d'heure. »

On voit que la nouvelle propriétaire était bien dans les traditions de l'ancienne et que Bagatelle était destiné à voir favoriser les amours du roi et des autres. Louis XV y revenait toujours avec plaisir et les services de Mme de Cursay valaient ceux de la maréchale.

Quelle était cette nouvelle hôtesse du légendaire pavillon ?

Jeanne-Baptiste-Marie, née en 1690, morte le 3 janvier 1753, était fille de François Amel Blondot, contrôleur, commissaire de la marine. Elle avait épousé, au mois de janvier 1704, Séraphin Rioult de Douilly, comte de Cursay, lieutenant général, frère de Mme de Pleneuf et oncle par consé-quent de Mme de Prie. Mme de Cursay passait pour avoir eu de nombreux amants, et, entre autres un riche banquier suisse nommé Hauguer ou Hoguer, très connu dans l'histoire du temps et dont elle n'a pas peu con-tribué à la ruine. Il est fait allusion à cette liaison dans la bouche de Mlle Naugis, danseuse à l'Opéra, qui avait adopté la même livrée que la comtesse.

> Pourquoi vous scandalisez-vous,
> Cursay, de ma livrée ?
> ....
> Un duc habille mes laquais,
> Un suisse a soin des vôtres.

Son fils était maréchal de camp et commandait les troupes françaises en Corse depuis le 25 août 1749. Il s'entendit trop bien avec ces turbulents indigènes au dire de la République de Gênes, qui ne pouvait leur faire agréer un règlement général rédigé d'accord avec la France. Les commissaires envoyés par la République se plaignirent au ministre de la guerre du roi de France, le comte d'Argenson, que M. de Cursay, dont le commandement valait au moins 80.000 livres de rente, travaillait pour s'y perpétuer et entretenait la division de ce peuple.

La Cour s'émut et envoya un officier qui, avec une escorte de grenadiers, surprit M. de Cursay chez lui, s'empara de ses papiers et l'embarqua sur un vaisseau qui le conduisit au château d'Antibes, le Fort carré, où il subit d'abord une captivité rigoureuse. Cette sévérité dura peu et il fut transféré dans la citadelle de Montpellier. Les charges qui pesaient sur lui s'évanouirent sans doute, car dès l'année suivante, M. de Cursay fut employé en Bretagne. Il mourut lieutenant général à Paris le 27 mai 1766.

Son arrestation causa, dit-on, la mort de sa mère qui avait soixante-cinq ans et qui pût croire brisée une carrière qu'elle avait contribué à rendre des plus brillantes.

III

A la mort de cette dame, ce fut Mademoiselle de Charolais qui s'installa à Bagatelle, dont les galants souvenirs n'étaient pas faits pour l'effaroucher. Diverses circonstances tragiques l'avaient incitée à abandonner Madrid.

Louise-Anne de Bourbon-Condé, dite Mademoiselle de Charolais, ou simplement Mademoiselle, était la petite-fille du grand Condé, la sœur de M. le Duc et de Marie-Anne de Clermont ; elle naquit le 22 mars 1695. Elle eut une jeunesse orageuse pour lui faire renoncer aux douceurs du mariage. Il est vrai qu'elle trouva sur son chemin l'irrésistible vainqueur de Port, le duc de Richelieu, neveu du grand cardinal. Elle avait à peine 18 ans. Son frère s'en émut assez tard d'ailleurs et, sans doute, sur les instigations de sa sœur qui eut bientôt à se plaindre de ce prince des roués. Voici ce que conte Barbier de la querelle qui s'ensuivit :

« Mai 1721. — On dit qu'à Chantilly M. le Duc a écarté dans le bois « M. le duc de Richelieu et a voulu lui faire mettre l'épée à la main au « sujet de Mlle de Charolais sa sœur. Le duc de Richelieu, après s'en être « vivement défendu sur la qualité de prince du sang de son adversaire, « s'est laissé blesser à la main. Mais M. le Duc n'a pas voulu en demeurer « là, et enfin M. de Richelieu l'a blessé au ventre. Il s'est fait panser sur le « champ en secret. (Barbier I. 85). »

L'intrigue entre le duc et Mademoiselle était depuis longtemps dénouée. Comment se faisait-il que l'ancien amour se fut converti en haine qui fit couler le sang ? Richelieu n'était pas homme à rester longtemps fidèle à une maîtresse si charmante et si spirituelle qu'elle fut. Il fit la connaissance de Mlle de Valois, la fille du Régent, et malgré la jeunesse et le sang de la princesse, n'hésita pas à la mettre à mal, tout comme Mademoiselle. Pour en arriver à ses fins, il avait loué une maison contiguë à l'appartement de celle qu'il désirait et avait fait percer une porte

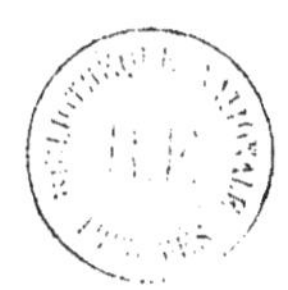

dans le mur mitoyen. Il put ainsi de jour et de nuit rendre visite à l'objet de sa flamme ; mais son plaisir n'eut pas été complet s'il ne se fut vanté de son triomphe. Il eut le cynisme de s'en parer aux yeux de son amie dont il cultivait concurremment l'affection. Mlle de Charolais n'en pouvait croire ses oreilles ; il lui fallut se rendre à l'évidence, car Richelieu la mena devant la porte secrétaire et la fit assister à son manège.

Le Régent ne fut pas sans être averti de l'intrigue, qui était d'ailleurs la fable de la cour. Comme il ne voulait pas pour gendre de ce mauvais sujet de Richelieu, qui d'ailleurs conspirait contre lui, il le fit enfermer à la Bastille.

Richelieu était simplement inculpé d'avoir voulu remplacer le régent Philippe d'Orléans par le roi d'Espagne.

Ce fut un bon prétexte pour forcer Mlle de Valois à épouser le duc de Modène. La liberté de Richelieu était à ce prix. La jeune fille se dévoua ; et son amant délivré alla assister à son mariage, en compagnie de Mlle de Charolais. Durant la cérémonie, il se gaussa fort avec elle des nouveaux époux.

Mlle de Charolais rompit avec Richelieu, et eut l'occasion de se rapprocher de la duchesse de Modène.

Les deux femmes échangèrent des confidences qui furent peu à l'avantage de Richelieu ; car l'une et l'autre prirent en haine le don Juan qu'elles avaient tant aimé.

Mademoiselle de Charolais se consola aisément de cette première aventure. Mais n'ayant pu épouser Richelieu, elle resta fille.

On dit d'elle que de Richelieu elle alla à Melun, et de Melun à Bavière, pour exprimer qu'elle eut successivement, après Richelieu, le duc de Melun, puis le chevalier de Bavière comme amis chers. Ce fut ensuite le duc d'Aumont, puis le prince de Dombes qui la séduisirent'; mais pas pour longtemps, car cette excellente princesse aimait le changement. Les leçons données par Richelieu n'étaient pas tombées dans un terrain ingrat.

Parfois cependant, elle devait avoir des remords de sa conduite déréglée, et il devait lui arriver de faire quelque retraite, imposée peut-être par lettre de cachet après des frasques trop retentissantes. De là, ces portraits en habit de religieuse franciscaine ou de cordelier qu'elle distribuait, peints sur des tabatières ; plus tard, elle l'encadrait dans son boudoir de Bagatelle, le montrant avec une douce ironie comme pour confesser la vanité des passions et des plaisirs dont elle ne pouvait se lasser sur la terre ; mais dont elle ne faisait guère pénitence qu'en peinture.

Voici un exemple de sa conduite en son pavillon du château de Madrid où le roi l'avait logée un peu à l'écart pour la laisser s'amuser.

« Avril 1735. Mademoiselle de Charolais, sœur de M. le Duc, a acquis
« de M. de Pezé, une maison dans la cour du château. Comme elle est
« fort bien auprès du roi, elle a obtenu la distraction de sa maison, dont
« le roi lui a fait don et propriété. Elle fait de cela sa principale demeure,
« comme étant entre Versailles et Paris, et elle s'y réjouit assez incognito.
« Dans les jours gras derniers, il y avait grande compagnie à souper,
« entre autre le comte de Coigny, fils du maréchal, que l'on dit être sur
« son compte. Après le souper, elle renvoya tout le monde. Le petit
« duc de Nivernais, jeune homme de quinze à seize ans, quittait la partie
« avec peine ; mais obligé d'obéir, il se cacha derrière une portière et
« demeura témoin du tête à tête avec le comte de Coigny. Il a été répri-
« mandé par la princesse, mais il s'est vengé par une chanson assez
« déshonorante sur les appas cachés de la princesse. Elle finissait ainsi :

> « Deux mille à qui Coigny succède
> « Diront ici
> « Ce qu'à la fée qui l'obsède
> « Dit Tanzaï.

« Tanzaï est un personnage du roman de Tanzaï et Neadarné, de Crébillon
« fils, qui avait paru l'année précédente, et pour lequel l'auteur fut
« enfermé à Vincennes. *(Journal de Barbier*, II, 181). »

Mais ces nouvelles et folles amours devaient se terminer d'une façon tragique bien des années plus tard ; car, avec Coigny, Mademoiselle semble avoir fait vœu de fidélité. Voici ce qu'il advint treize ans plus tard :

« Mai 1748. La nuit de dimanche 3 au lundi 4, il est arrivé un malheur
« épouvantable sur le chemin de Versailles. Il fait plus froid à présent qu'il
« n'a fait de l'hiver. Il gèle depuis 3 ou 4 jours et la nuit de dimanche
« la neige tombait à gros flocons, de manière que la terre était couverte.
« Il est d'usage, ici, que les seigneurs vont plus la nuit que le jour : rien
« ne les arrête et c'est le bon air. M. le comte de Coigny, fils du maré-
« chal, lieutenant général, colonel général des dragons, cordon bleu,
« gouverneur du château de Choisy et favori du roi, soupait chez Made-
« moiselle, dont il a toujours été l'ami et qui a toujours contribué à son
« avancement. Il fut d'une gaîté charmante à ce souper, et, comme il était
« d'une partie de chasse avec le roi, le lundi matin, il remonta dans sa

« chaise de poste, accompagné d'un coureur, entre une heure et deux
« heures après minuit, pour aller coucher à Versailles. Mademoiselle lui
« représenta qu'il était fou de se mettre en chemin par le temps qu'il
« faisait, qu'il ferait mieux de coucher à Paris, et de partir à sept heures
« du matin. Son postillon lui dit, dans la cour, qu'il était gelé et aveuglé
« par la neige, qu'il ne verrait pas son chemin. « Vous avez toujours
« peur, vous autres, dit-il, marchons. » Vis-à-vis le village d'Argenteuil,
« il y a des fossés sur la droite du chemin, le postillon ne voyait ni ne
« sentait le pavé et la chaise a versé dans le fossé.

« On dit que M. de Coigny a cassé une glace avec sa tête et qu'elle
« lui a coupé la gorge, d'autres qu'il s'est donné un coup au derrière de la
« tête dans un endroit mortel, bref il est mort sur le champ.

« Le roi a demandé lundi matin, si Coigny était à Versailles. On lui a
« dit qu'il avait versé la nuit en venant et qu'il était très dangereusement
« blessé. Le roi a entendu qu'il était mort, s'est retiré dans son cabinet et
« a contremandé la chasse ainsi que la comédie que l'on devait jouer le soir
« à Versailles. Cette nouvelle a fait beaucoup de bruit à Paris lundi.
« C'était un très bon officier, très estimé. Il laisse trois garçons dont
« l'aîné a onze ans et est aux Jésuites. Tout le monde a couru pour conso-
« ler sa femme et le maréchal de Coigny son père (1).

« Le mardi, la nouvelle a changé. On a dit que c'était un duel et qu'on
« était convenu de renverser une chaise dans un fossé. On a nommé le
« prince de Dombes, le comte d'Eu, le duc de Luxembourg et M. de Fitz-
« james. Il y a le duc et le comte ; mais le bruit général est que c'est le
« comte appelé autrement milord Édouard. L'on dit qu'il a eu cinq coups
« d'épée et que M. de Coigny en a reçu sur la gorge dont il est mort sur
« le champ. »

La querelle était venue, disait-on, dans un souper à propos de la disgrâce de l'évêque de Soissons, frère de M. de Fitzjames. M. de Coigny
ne permet pas à ce dernier de critiquer la conduite du roi et s'anima peut-
être trop sur l'impertinence, reconnue par tout le monde, de M. l'évêque
de Soissons.

« Les deux familles ont grand intérêt à cacher le duel s'il a eu lieu.
« On a prétendu que M. de Fitzjames était mort de ses blessures, trois
« jours après. Dans la *Gazette de France* de samedi 9, il est dit simple-

---

1. Jean-Antoine-François, comte de Coigny, né en 1702 avait épousé au mois de novembre 1729 Marie-Thérèse-Josèphe Corantine.

« ment que M. Franquetot, comte de Coigny, mourut le 4, âgé de qua-
« rante-six ans, sans dire où, ni à Paris, ni à Versailles, ce qui se met
« ordinairement. Si, dans la *Gazette* prochaine, il y a la mort de M. de
« Fitzjames, l'affaire ne sera presque plus douteuse.

« — Dans la *Gazette* du 16, il n'est pas dit un mot du comte de Fitzja-
« mes, en sorte que voilà une affaire assoupie et bientôt oubliée, les uns
« croyant par des circonstances, qu'il y a eu duel, les autres ne le croyant
« pas. Mademoiselle a été très chagrine de la mort du comte de Coigny.

(Journal de Barbier, iii, 31).

« Juillet 1750. Mademoiselle de Charolais continua à porter le titre de
« *Mademoiselle* malgré la naissance de Louise-Marie-Thérèse Bathilde,
« fille du duc de Chartres. Ce titre était attaché à la première princesse du
« sang, fille, lequel est accompagné d'une pension.

« Mademoiselle tout en servant les amours du roi et de Mme de Mailly
« se mettait au mieux avec la reine, qui venant d'admirer à Neuilly la
« maison récemment bâtie par le comte d'Argenson, en faisait part à
« Mademoiselle, princesse du sang, qui l'attendait à son passage du Bois
« de Boulogne, à près de 8 heures du soir et qui l'a fait arrêter un demi
« quart d'heure pour causer à sa portière. »

Néanmoins, Mademoiselle ne se plaisait point en son logis de Madrid.
Comme à Hampton-Court et à Kensington, le château de Madrid et ses
dépendances servaient de résidence à nombre de courtisanes et de favo-
ris, logés là par la munificence du roi. Leur indiscrète curiosité pesait à la
princesse et lui suscitait parfois de graves embarras.

La mort de Coigny avait commencé à lui faire prendre en haine ce logis.
Un autre événement aussi tragique devait la déterminer à quitter ces
lieux fatals à ses amis.

Le comte de Melun d'Epinay, qui fut son amant, en chassant dans le
bois ou simplement en recherchant un spectacle assez couru en ce temps,
le rut des cerfs, fut surpris lui-même par un dix cors qui l'éventra d'un
coup d'andouiller.

On le porta chez Mlle de Charolais, qui était en train de confectionner
de la patisserie avec sa sœur Mlle de Clermont qui habitait avec elle et lui
rendait des points pour tous les nobles jeux de l'amour et du hasard.

Attirées par le bruit et les clameurs, elles vont au-devant du funèbre
cortège et tombent évanouies en voyant le cadavre sanglant. Elles n'é-
taient pourtant pas des femmelettes ; mais le spectacle était navrant, de
voir en un tel état le brillant gentilhomme qui comptait à son actif tant

3

de prouesses galantes notamment l'enlèvement des deux sœurs Camargo, les célèbres danseuses de l'Opéra.

Dès cet instant, Madrid fut condamné. Mme de Cursay venait de mourir (1753), Bagatelle était à prendre, Mlle de Charolais s'y logea, elle répara la maison de fond en comble et se fit concéder des terrains dans le bois pour agrandir le parc.

Dans le pavillon, dans l'enfilade des boudoirs garnis de glaces et de meubles merveilleux, elle accumula ainsi de belles œuvres d'art, porcelaines, tableaux et statues. En bonne place figurait le portrait de Boucher qui la représentait en religieuse franciscaine.

Au sujet de ce tableau, Voltaire, hôte assidu de Bagatelle, compose cette chanson :

> Frère Ange de Charolais
> Dis-nous par quelle aventure
> Le cordon de Saint-François
> Sert à Vénus la ceinture ?

Mlle de Charolais avait toujours un cœur aimant et facile, aussi la compagnie au pavillon de Mademoiselle, comme on disait alors, était joyeuse à Bagatelle. A certaines époques cependant, Mademoiselle n'y était plus pour personne. Pour tous les serviteurs, elle était souffrante : Mlle de Charolais, l'aimable épicurienne sacrifiait à Lucine. On le chuchotait à la cour, et pour rire, on envoyait prendre de ses nouvelles. Un jour, un suisse, encore mal stylé, répondit à un message du roi. « La princesse se porte bien et l'enfant aussi. »

L'histoire ne dit pas ce que devenait le fruit de ces amours. Le bon cœur de la princesse et l'heureux choix de ses amis successifs doivent nous être un sûr garant que ces bâtards jouirent tous au moins de l'*aurea médiocritas* du bon Horace.

Mlle de Charolais mourut en 1758, laissant un nom fameux dans les fastes de la Régence et du siècle. Elle eut le chagrin de voir Mme de Mailly, sa fidèle amie, supplantée par Mme de Pompadour, en attendant la Du Barry.

Bagatelle revint alors à la Couronne. Le roi y logea successivement le maréchal de Biron, puis le marquis de Brézé, le parent de celui qui, trente ans plus tard, devait rapporter au roi qui l'envoyait congédier le Tiers Etat, la célèbre apostrophe de Mirabeau...

IV

LE roi devait se lasser de loger pour rien ses serviteurs en cette petite maison de plaisir. Il la vendit pour sa vie durant à une respectable douairière, la marquise de Monconseil, qui ne fit pas une fameuse affaire, car la maison construite légèrement et depuis longtemps déjà branlait sur sa base. Les réparations faites par Mlle de Charolais avaient été des plus superficielles.

Bref le logis devint bientôt inhabitable et menaçait de crouler sur la tête de sa propriétaire alarmée. Elle s'adressa au roi pour arriver à avoir des réparations tout comme une locataire ordinaire. Nous trouvons aux archives nationales (o' 1581), trace de ces démêlés.

Au commencement de l'année 1764, Mme la marquise de Monconseil, adresse à M. le marquis de Marigny un mémoire relatif aux réparations à effectuer à la petite maison de Bagatelle, suppliant le roi et le marquis de Marigny de faire examiner cette maison pour éviter des accidents qui pourraient résulter des grandes eaux dont les fondations sont lavées soit par celles de la rivière soit par celles du bois, par suite de grandes averses.

Elle supplie donc le roi de faire procéder aux grosses réparations qui lui incombent, puisqu'elle n'est qu'usufruitière et qu'elle a payé assez cher la jouissance de cette maison pour que le roi lui en accorde la conservation.

Le marquis de Marigny fit simplement procéder à un examen des réparations par les sieurs Soufflot et Gabriel, dont le mémoire suit :

Mémoire

En conséquence des ordres que nous a donné M. le marquis de Marigny, nous nous sommes transportés dans le bois de Boulogne, à la maison et bâtiment appartenant au roi, occupés par Mme la marquise de Monconseil, pour y examiner les grosses réparations qui sont à y faire pour Sa Majesté, en qualité de propriétaire, Mme de Monconseil n'en ayant que la jouissance. Nous avons reconnu que la bâtisse du principal corps de logis est très légère et en assez mauvais état, surtout celle des murs extérieurs qui ont bombé dans la hauteur d'une espèce de soubassement formant un étage un peu enserré que les murs au-dessus surplombent partie en dedans, partie en dehors, par leur mauvaise construction et la poussée de la charpente des combles, ce qui a occasionné des déversements assez sensibles dans les planchers, malgré quelques tirans de fer qui y ont été mis pour les contenir.

Nous avons réfléchi, d'après cet examen, sur les moyens de faire subsister ce corps de logis principal encore plusieurs années, nous avons pensé, que pour ne point tomber dans la nécessité de démolir la plus grande partie des murs, après avoir fait les chevallements et étagements nécessaires, ce qui entraînerait à une grosse dépense et peut-être à la reconstruction de la plus grande partie de ce corps de logis principal, on pourrait s'en tenir à faire de petites reprises par des lances de moellons dans les endroits qui ont le plus souffert, mettre quelques tirans de fer aux patins ou aux sablières des fermes du comble, rétablir les crevasses avec précaution ainsi que les parties de plafond qui menacent ruine et refaire un crépis ou enduit général jusqu'à la hauteur des appuis des fenêtres du grand appartement, après avoir avivé tous les joints pour en reconnaître d'autant mieux l'état des murs dans toute leur étendue.

Voilà ce qui nous a paru le plus essentiel en grosses réparations, qui nous semblent devoir être supporté par Sa Majesté, et comme il serait très difficile d'arbitrer à quoi cela pourrait monter, nous estimerions que pour ne point exposer le roi à une dépense arbitraire, l'on pourrait allouer une somme de trois mille livres à Mme de Monconseil, qu'elle ferait employer aux répations susdites, en se chargeant de l'excédent s'il en survenait, et dont les bâtiments reconnaîtraient l'emploi.

A Paris, le 14 juin 1764.

Signé : SOUFFLOT et GABRIEL.

A la date du 23 septembre 1765, nous trouvons, dans le même carton, une note disant que les places de portiers du Bois de Boulogne ont été acquises par diverses personnes, telles M. Le Normant, Madame de Monconseil, et autres, dans le but d'avoir des maisons de plaisance à côté du logement du portier particulier. Aucune de ces personnes n'a demandé de réparations au service des bâtiments du roi, sauf Madame de Monconseil, dont il faut rejeter la demande pour le principe.

Il fut donc répondu à Madame de Monconseil que le roi avait décidé qu'il n'y aurait que les seuls logements des portiers qui seraient réparés aux dépens de Sa Majesté. (Réponse du 27 février 1765.)

Madame de Monconseil semble se résigner et écrit : « Quoiqu'on perde son procès, l'usage est, Monsieur, de remercier ses juges ; je m'étais flattée qu'appuyée de votre suffrage, j'obtiendrais une décision plus favorable, fondée sur ce qui a toujours été pratiqué par vos prédécesseurs ; mais puisque le roi a prononcé, il ne me reste qu'à me soumettre. »

En avril 1767, Madame de Monconseil se ravise et envoie une nouvelle requête mieux établie et répondant à la fin de non-recevoir du roi et de M. de Marigny.

« La maison de Bagatelle n'a jamais été réputée porte du Bois. La
« seule inspection des lieux en prouve l'impossibilité. Où cette porte
« conduirait-elle ? et quel en serait l'objet ? La dite maison a toujours été
« regardée comme appartenant au Roi, et dépendant du château de la
« (Meute), tombant dans le casuel du Gouverneur qui, par un droit de ce
« gouvernement, peut en disposer viagèrement soit par vente, soit autre-
« ment sans être tenu aux réparations foncières, pas plus qu'au château
« de Madrid ni autres dépendances qui se font aux dépens des bâtiments
« du roi, comme bailleur de fonds. C'est comme si on prétendait que Mes-
« sieurs les gouverneurs du Louvre, des Tuileries et du Luxembourg,
« fussent tenus aux grosses réparations des appartements concédés à dif-
« rents particuliers ; ou que les particuliers qui n'en obtiennent que
« l'usufruit les dussent faire à leurs dépens, c'est la première fois qu'on
« a formé cette difficulté pour la maison de Bagatelle, dont M. de Jour-
« nelian avait jugé les réparations foncières comme si justes qu'il les a
« toujours accordées et ordonnées, tant pour le mur de clôture du nou-
« veau potager donné par le roi à Madame de Monconseil, qu'autres de
« pareilles espèces pour les fondations ; tous lesquels motifs ayant été
« présentés à M. le marquis de Marigny au commencement de l'année
« 1765, son équité reconnue généralement lui fit trouver tant de justice
« dans les représentations de Madame de Monconseil, que, par les réponses
« dont il l'honora, en date du 27 février 1763, il dit que le désir de l'obliger
« le portera, malgré l'embarras des circonstances, à proposer au roi de
« lui accorder une somme pour qu'elle l'employât elle-même à réparer
« sa maison de Bagatelle, de la manière qu'elle le jugerait le plus à
« propos.

« D'après cette réponse favorable, Madame de Monconseil n'eut rien
« de plus pressé que d'envoyer un architecte à Bagatelle pour en faire

« la visite et restreindre au plus nécessaire les réparations des murs qui
« périclitaient.

« Après l'examen le plus scrupuleux, la demande de la somme pour y
« subvenir ne fut portée qu'entre 5 à 6 mille francs ; encore ne deman-
« dait-elle à M. le marquis de Marigny que d'en arrêter l'ordonnance
« payable s'il avait voulu dans un an ou dix-huit mois. De sorte que la
« bonne justice de cette demande, jointe à celle qui anime toutes
« les actions de M. le marquis de Marigny, ne laisserait pas douter à
« Madame de Monconseil qu'il n'ait la bonté de s'y prêter comme elle
« l'espère encore et l'en supplie instamment. »

M. de Marigny n'est pas attendri par ces bonnes raisons, ces humbles
formules et les recommandations de MM. de La Grange et de Jumilhac
qui lui sont adressées. Il fait passer à Sa Majesté une note où il repousse
la nouvelle requête. Le roi approuve et il répond à cette pauvre
Madame de Monconseil, le 24 mai 1767, que le roi se refuse à faire ces
réparations ; car cette maison est absolument enfin inutile à son service
et qu'enfin si elle ne pouvait se soutenir et subsister, il n'y avait qu'à
la laisser tomber. Et M. de Marigny ajoute combien il a du regret d'avoir
à faire part d'une décision formelle du roi aussi contraire aux désirs de
la requérante.

Néanmoins M. de Marigny, directeur et ordonnateur général des bâtiments, jardins, arts, académies et manufactures de Sa Majesté, se décide
à payer en 1770, un mémoire de Le Tellier, maître maçon, pour réparations aux murs de clôture du château de Bagatelle. Madame de Monconseil s'était adressée à M. Soufflot, architecte du roi et contrôleur de ses
bâtiments au département de Paris, qui avait ordonné ces travaux. A ce
mémoire est épinglée une note par laquelle il est dit que Madame de Monconseil avait obtenu l'autorisation de M. de Marigny et dans tous les cas
s'en serait targuée auprès de M. Soufflot. Diverses autres notes relatent
les démarches de Madame de Monconseil pour arriver à faire payer ce
mémoire de 12 à 1600 livres, que l'on se décide à solder en considération de ce que ces murs peuvent passer pour clôture du bois de
Boulogne.

Il faut croire que la maison s'écroula sur la tête de Mᵐᵉ de Monconseil
puisque après la mort de cette dernière, vers 1776, M. le comte d'Artois,
auquel fut attribué Bagatelle, s'empressa de faire démolir ces murs bran-
lants, ainsi qu'en témoignent diverses notes contenues dans ce même
carton o' 1581 des Archives.

« Je soussigné, Inspecteur des bâtiments de Monseigneur le comte
« d'Artois à Bagatelle, reconnais avoir reçu de M. Philippe, provenant de
« la démolition du fief d'Artois la quantité de cinquante-une toises, trois
« pieds six pouces courant de tablettes de vieilles pierres de vingt pouces
« de large sur quatre d'épaisseur, pour être employée au dit Bagatelle,
« pour le service de Monseigneur, ce 23 juin 1779. — BRIASSE. »

On y trouve encore diverses notes de services adressées à M. Philippe
par M. Bellanger, l'architecte du comte d'Artois.

V

Voila donc le comte d'Artois en possession de l'héritage de Mlle de Charolais en vertu de la générosité de son frère, le vertueux roi Louis XVI, qui pense que les souvenirs galants se rattachant à ces murs pouvaient convenir au diable à quatre qu'était le futur Charles X dans sa jeunesse.

Sans doute, Marie-Antoinette qui avait un faible pour ce joyeux compagnon, dont elle ne dédaignait pas de partager les escapades, ne fut pas étrangère à ce don de joyeux avénement.

La pastorale était à la mode; la reine venait de créer Trianon. On dit que le prince proposa à sa royale belle-sœur de faire surgir de terre en six semaines un autre Trianon. Gros joueurs l'un et l'autre, l'enjeu aurait été fixé à 100.000 livres. L'architecte Bellanger fut chargé de le gagner ; en tout cas, si cette légende de pari est véridique, il y mit plus longtemps qu'il n'est dit ci-dessus, au moins pour tout parachever. Les documents abondent dans les papiers du fief d'Artois aux Archives nationales et ils nous mettent entièrement au courant de la genèse du nouveau Bagatelle, renouvelé de fond en comble par le comte d'Artois. Nous croyons intéressant de reproduire ces curieux documents relatif à ces pierres historiques qui nous sont transmises à peine modifiées. Les merveilles du parc sans cesse renouvelées et augmentées, n'ont pu guère arriver jusqu'à nous et il n'en reste plus que quelques traces au milieu des frondaisons du parc, restées toujours magnifiques.

Dans ces comptes, mémoires, tableaux, relevés et plans, nous trouvons les noms d'une véritable armée de collaborateurs ou fournisseurs qui ont collaboré à l'édification de cette œuvre si minuscule en apparence et si considérable cependant quand on considère les détails.

Aux Archives, nous avons examiné un plan de jardin, parc de Bagatelle pour être exécuté par Blakaie, jardinier anglais, plan approuvé. Ce plan comprenait l'ancien jardin avec de larges empiètements sur le bois Boulogne, consentis par le roi en faveur de son frère. Il est à peu près conforme comme tracé à ce qui fut arrêté et ce qui fut exécuté (1).

A la Bibliothèque, il est un plan gravé par Lerouge, ingénieur géographe du roi, qui reproduit à peu de chose près le tracé de Blakaie ; la légende nous donne l'énumération des fabriques ou curiosités parsemées au milieu des massifs, pelouses, ou labyrinthes ; maisons de racines et de mousse, roches d'où coule la source, obélisque égyptien, entrée des rochers, pont chinois, roche élevée où se trouve la maison du philosophe, statues de marbre un peu partout, pont de Palladis, île du Tombeau, chemin creux le long de la rivière, tombeau de Pharaon, pavillon indien, hangars pour les jardiniers, entrée de la glacière, tour des Baladins, cette dernière à la place où s'érige l'ermitage gothique qui fut construit sur l'ordre du duc de Berry, après 1815 (2).

Le plan d'ensemble du château, un peu dissemblable de ce qu'il est actuellement, se voit sur cette même feuille. Les deux petits pavillons à horloge s'y trouvent bien ; mais, au fond de l'avant-cour, entre ces deux pavillons et le château, s'élève un bâtiment à deux étages percé d'une porte cochère avec logement des jardiniers, cuisines et écuries. La porte cochère franchie, les carosses se trouvaient dans la cour d'honneur bordée à droite par une terrasse de gazon, à gauche par celle dominant la plaine et les prés appartenant au prince de Conti.

Derrière le château, jardin français avec grand boullingrin, massifs, pelouses, rochers et le parc s'étendait à droite. Au-dessous de la terrasse, l'allée de Longchamp. Les pépinières, orangeries et serres, étaient placées à l'endroit qu'elles occupent aujourd'hui. L'entrée du côté de l'allée des Acacias était en demi-lune, mais la loge du suisse était située à droite du portail. Le joli pavillon rococo entre les deux grilles d'entrée est donc moderne.

Voici maintenant le plan du rez-de-chaussée composé d'un vestibule avec le salon de musique à pans coupés à droite, la salle à manger à gauche avec coins arrondis, en face l'escalier étroit qui conduit au premier étage. Au fond, le salon en rotonde, éclairé par un dôme de vitrage et par trois hautes baies. Cette pièce est flanquée de deux boudoirs à alcôve.

Il faut retourner aux Archives pour avoir le plan du premier. La chambre de Monseigneur est au-dessus de la salle à manger. Vient ensuite

____

1. N° iii, 586.
2. G° C 2931.

son cabinet de travail, suivi de son boudoir. Les fenêtres de ces trois pièces donnent sur l'avenue de Longchamp. Au-dessus de l'entrée, la chambre du premier valet de chambre. Au-dessus du salon de musique, celle du gouverneur avec son cabinet et une chambre à donner sur la même façade ; toutes ces pièces disposées autour de la coupole du salon qui domine les combles. Ceux-ci sont disposés pour loger un assez nombreux personnel. Le sous-sol, dont le plan est aussi aux Archives, comprend de nombreux dégagements : chaufferies, caves, celliers, buchers, rôtisserie, etc.

Aux estampes se trouve une gravure représentant le pavillon construit en 64 jours sur les dessins d'Alexandre Bellanger, premier architecte de Monseigneur le comte d'Artois.

Il a à peu près le même aspect que le pavillon actuel qui a été peu modifié. Cependant au-dessus de la porte d'entrée, il n'y a pas une fenêtre pour éclairer la chambre du premier valet de chambre, mais une baie vitrée.

Nous continuons la visite du contenu de Bagatelle aux Estampes. Voici une feuille de terrain à demander à droite du jardin français pour agrandir le parc : encore un plan général, signé Bellanger, celui-ci, avec une indication des fabriques, autres que dans le plan de Lerouge. Nous y trouvons énuméré : buste de Luculus, bien placé en cet asile de la bonne chère, cabane de l'Ermite, jardin de Diane, cabane des Druides ; temple de Pan, analogue au temple de l'Amour du petit Trianon, statue de faune, vase aux poissons, maison hollandaise et petite tente tartare, vigne italienne, balançoire chinoise, buste d'Apollon, etc. On voit que les attractions et curiosités ne manquaient pas en ces jardins enchantés et qu'elles étaient souvent renouvelées, comme chez Nicollet.

Une autre gravure représente la façade du château regardant le jardin avec les trois fenêtres du salon en rotonde. Statues sur les degrés de la terrasse, mais pas de bustes dans des niches rondes au-dessous de la frise comme aujourd'hui. Le toit non plus n'était pas bordé de balustres. Autre feuille avec le pont de la Concorde et un ermitage tout à fait différent de celui qui existe actuellement, puis nous trouvons l'image de l'usine, avec haute cheminée, de la pompe à feu, sise au bord de la Seine pour élever les eaux servant à l'alimentation des cascades, lacs et rivières. Nous reviendrons sur cette intéressante innovation.

Une aquarelle représente la cour d'honneur, vue prise de la terrasse de gazon où se trouve actuellement le nouveau bâtiment avec loggia.

A droite, le château avec ses deux sphinx sans amours les chevauchant, défendant le perron. Au fronton, la devise : « *Parva sed apta do-*

mus. » Deux grands vases, remplacés plus tard par des lampadaires, flanquent la demeure. Deux lions gardent l'entrée de la terrasse et au fond se dresse le Mont-Valérien.

A gauche, le bâtiment percé du porche et contenant les communs. Il est en hémicycle sur la cour et orné de niches garnies de statues antiques.

Une autre aquarelle représente une vue du château avant 1779. La façade est plus large, trois portes et quatre colonnes ornent la façade, le toit est plus élevé. Nous trouvons encore des sphinx, emblèmes de mystère, au bas du perron. Plusieurs autres aquarelles ou sépias représentent les fabriques et curiosités du parc : la fontaine en forme de vase avec jet d'eau et nappe retombante, dite sans doute le vase des poissons, temple grec entouré de roches d'où jaillit une source abondante, kiosques rustiques, vigne italienne avec grotte, pavillon chinois à deux étages, le pont chinois avec pavillon découpé, l'ermitage et la cellule de l'Ermite ; toute une série fort originale et qui pourrait servir à d'intéressantes reconstitutions.

D'autres aquarelles donnent la vue de l'intérieur du château. La chambre à coucher est tendue d'étoffe bleue à rayures. Dans l'alcôve, panoplie antique, javelot, glaive et bouclier, cheminée à plaque fleurdelysée pendule de Boule, chenets à bombes et à grenades, commode à pied de biche avec tête de faune. Les fauteuils et divans, couverts d'étoffe bleue, sont capitonnés et confortables ; les pieds sont en forme de pommes de pin. Sur une autre feuille, se développe la coupole du salon ; sur d'autres encore, les divers plafonds. Les boudoirs sont aussi représentés à part. Nous trouvons encore dans le même carton, le plan du pavillon du jardinier, une perspective du parc avec l'obélisque, une vue de l'antique abbaye de Longchamp, qui était proche, une gravure représente le défilé des carrosses et des cavaliers dans l'allée, du temps de Louis XIV ; une autre représente l'impératrice Eugénie sortant du parc de Bagatelle avec une escorte de spahis de la garde.

Enfin pour la reconstitution de Bagatelle de 1779, voici une description prise dans les mémoires du temps qui en donnera une idée complète. (Bachaumont, xv, 187).

« 26 mai 1780. — Un des objets de promenade des environs de Paris
« actuellement c'est *Bagatelle*. La cour étant à la Muette, cela a donné lieu
« de visiter davantage ce joli palais de féérie. On ne le voit point en arri-
« vant ; on entre en un petit bois taillé fort inculte, qui n'est entouré que
« d'une simple claie. On travaille encore actuellement à le rendre plus
« agreste par des rochers et des sîtes dont on augmente le sombre et la

« tristesse. On ne parvient au château que par une route tortueuse. On
« le trouve enfin et l'on lit cette devise : *Parva sed apta.* Six statues, pla-
« cées dans l'entrée circulaire de l'intérieur, caractérisent davantage son
« usage, le silence, le mystère, la folie, etc. Plus loin, un hercule dans
« ses plus brillants attributs paraît avec celles-ci partager l'empire du lieu.
« Tout en est recherché, jusqu'aux bornes, aux pierres d'un fini gracieux,
« ou d'une taille, d'une couleur originale. Le rez-de-chaussée ne consiste
« qu'en un petit vestibule, une salle à manger, un salon, un boudoir et un
« billard. Le boudoir offre toutes sortes de peintures voluptueuses de
« nos maîtres modernes, Greuse, Fragonard, la Grenée, etc. Un lit de
« roses et de glaces qui répètent de tout côtés les attitudes des amants,
« présentent cependant ce qu'on voit dans d'autres châteaux, au pavil-
« lon du Roi par exemple.

« Ce qui frappe le plus les amateurs, c'est une vue ménagée avec tout
« l'art possible, ce sont des tapis de verdure qui la reposent doucement
« jusqu'à la rivière, c'est le pont de Neuilly qui semble avoir été construit
« là pour perspective.

« L'escalier en bois d'acajou est d'une singularité rare et d'une har-
« diesse à étonner les connaisseurs, il est fort étroit, on n'y peut pas don-
« ner la main à une dame ; par cet escalier, on monte en haut, où sont quel-
« ques chambres à coucher : celle du prince qu'il n'a jamais habitée est vrai-
« ment remarquable ; elle est en forme de tente et tout y désigne cet
« appartement militaire. Les pilastres sont figurés en faisceaux d'armes,
« surmontés d'un casque ; les jambages du chambranle de cheminée sont
« deux canons sur leur culasse ; les chenets, figurés en boulets, en bom-
« bes, en grenades, les bras de cheminée en cors de chasse, etc.

« Un jardin petit, mais composé uniquement de fleurs, de plantes et
« d'arbustes étrangers, fournit ensuite aux physiciens, aux botanistes,
« aux fleuristes de quoi s'exercer.

« Les jours des souterrains sont ménagés par des espèces de grilles
« pratiquées dans les marches pour parvenir au vestibule et qui entou-
« rent le pavillon. Des communs à droite et à gauche, bâtis à l'entrée et
« hors de l'enceinte, annoncent que les profanes même attachés à Son
« Altesse, ne doivent point venir troubler par leur présence les mystères
« du lieu ; ce que confirment les servantes placées dans la salle à manger,
« fabriquées avec le goût exquis régnant dans tout le reste.

« Au surplus, Bagatelle ne se ressent point de la précipitation avec
« laquelle il a été construit et paraît d'une solidité qui dément son nom. »

Bachaumont ne mentionne pas la pompe à feu qui distribuait l'eau par

un grand réservoir supérieur dans toutes les parties du parc et du château. Ce fut une des premières applications de la machine à vapeur avec
la pompe à feu de Chaillot qu'alimentait d'eau le Bois et plusieurs quar-
tiers de Paris. Il est vrai que cette machine hydraulique ne fonctionna que
l'année suivante.

Voici ce que dit l'Encyclopédie de cette curieuse machine :

« La première pompe à feu a été construite en Angleterre ; plusieurs
« auteurs se sont occupés successivement à la perfectionner et à la sim-
« plifier. On en peut regarder Papin comme l'inventeur : car que fait
« celui qui construit une pompe de ce genre ? Il adapte un corps de pompe
« ordinaire à la machine de Papin. »

Voici la description de cette pompe, telle qu'elle fut établie à Londres
en 1728, au bord de la Tamise :

« C'est une pompe placée dans un bâtiment où l'on a construit un four-
« neau au-dessus duquel est une grande bouilloire de cuivre, sphérique
« par en haut, bien fermée et entourée d'une petite galerie extérieure,
« régnant tout autour et laissant circuler la fumée des fourneaux qui entre-
« tient la chaleur de l'eau bouillante dont la bouilloire est pleine aux trois
« quarts.
« Le cylindre de la pompe est de cuivre, et d'un diamètre à discrétion.
« Il est garni de son piston. Le piston descend et s'élève dans le cylindre.
« Ce n'est qu'une plaque de cuivre roulée et bordée de cuir. Il en est plus
« léger et la vapeur le chasse d'autant plus facilement.
« Il y a une chaîne de fer dont l'anneau est accroché à la tige du piston
« et tient à la courbe d'un balancier dont l'axe tourne sur un tourillon,
« dont les parties portent sur un des pignons du bâtiment.
« Un bout de tuyau transmet la vapeur de la bouilloire dans le cylin-
« dre, et la partie de la machine qu'on appelle régulateur, ouvre et ferme,
« en dedans et en haut de l'alambic, l'extrémité du tuyau de vapeur.
« C'est un fléau ou une coulisse de bois attachée à une petite courbe con-
« centrique à la courbe de balancier auquel elle est fixée, qui se haussant
« par ce moyen et se baissant, donne le jeu au régulateur et au robinet
« d'injection, ne retenant pas, des chevilles fixées dans plusieurs ronds
« faits dans son épaisseur, les axes recourbés et communiquant au
« robinet et au régulateur, dont on rend l'effet plus ou moins prompt en
« haussant ou en baissant les chevilles.
« Le tuyau de l'injecteur, descendant du réservoir au-dessus et se cou-
« dant pour entrer dans le cylindre, y jette environ neuf à dix pintes

« d'eau froide à chaque injection par un robinet qui s'ouvre et se ferme
« continuellement au moyen de chevilles fixées le long de la coulisse.

« Il y a un petit tuyau qui sert de l'injecteur et qui a un robinet tou-
« jours ouvert. Il jette de l'eau prise dans le réservoir au-dessus, en couvre
« le piston de cinq à six pouces. C'est ainsi que l'entrée est fermée à l'air
« et le cuir du piston humecté.

« On appelle robinets d'épreuve ceux de deux tuyaux dont le plus
« court atteint seulement à la surface de l'eau de la bouilloire, et l'autre
« va jusqu'au fond. Ils indiquent l'un et l'autre l'excès ou le défaut de la
« quantité d'eau ou de vapeur conservée dans l'alambic ou la bouilloire.
« Un tuyau communiquant à la capacité du cylindre, laisse écouler l'eau
« injectée et la renvoie à la bouilloire. Un autre tuyau attaché au cylin-
« dre donne issue à l'eau qui déborderait lorsque le piston est relevé. On
« y pratique un robinet qui jette l'eau sur la soupape du tuyau qui laisse
« sortir et l'air du cylindre et celui qui est amené par l'eau froide injectée.

« Une volvule ou soupape couverte de plomb laisse évacuer la vapeur
« de la bouilloire quand elle a trop de force. Au-dessous du piston, il y a
« un tuyau de décharge du cylindre, et au haut du bâtiment un tuyau de
« décharge du réservoir.

« Deux autres courbes placées à l'autre extrêmité du levier font aller
« une pompe renversée qui fournit au petit réservoir, et des pompes
« aspirantes posées dans un puits où l'eau est portée dans un grand réser-
« voir.

« C'est par une cheminée que sort le trop plein de fumée de la bouil-
« loire.

« L'eau portée dans le petit réservoir fournit la machine. L'eau portée
« dans le grand réservoir sert à tel usage que l'on veut. C'est elle qui me-
« sure le vrai produit de la machine. »

La première pompe à feu de Bagatelle fut installée en 1781, un an
avant celle de Chaillot. Mais elle dut être remplacée plusieurs fois, ainsi
qu'on le verra plus tard, ou tout au moins modifiée et réparée. Bachaumont consacre quelques mots dans son journal à la pompe à feu de Chaillot (XVI-III) :

9 septembre 1782. — La machine à feu établie à Chaillot, par M. M. Perrier, qui causera, suivant le malheur attaché à toutes les nouvelles inven-
tions, peut-être la ruine de la société qui l'a entreprise, n'en est pas moins
un monument qui fait le plus d'honneur au siècle et à la France. Il méritait bien une inscription et l'on attribue la suivante au savant et célèbre
abbé Boscovrich. Voici ce distique :

Obleta irarum flamma hic conspirat et unda
Civibus optata ipse dat ignis aquas.

Enfin, pour clôturer ce chapitre descriptif, ajoutons que Delille, dans son poème des *Jardins*, a consacré les vers suivants à Bagatelle :

Et toi, d'un prince aimable, ô l'asile fidèle
Dont le nom, trop modeste, est indigne de toi,
Lieu charmant, offre-lui tout ce que je lui dois :
Un fortuné loisir, une douce retraite.
Bienfaiteur de mes vers ainsi que du poète,
C'est lui qui, dans ce choix d'écrivains, enchanteurs,
Dans ce palais paré de poétiques fleurs,
Daigne accueillir ma Muse. Ainsi du sein de l'herbe,
La violette croît auprès du lys superbe.

Delille devait ces vers et bien d'autres meilleurs au comte d'Artois, qui fut pour lui un Mécène. Il lui attribua en effet l'abbaye de Saint-Séverin en Poitou, peu après la publication de ses fameuses traductions des Géorgiques.

VI

LA plupart des merveilles et curiosités qui composaient les attractions de ce parc sans rival ont disparu, ou ont été modifiées. Il n'en reste plus que les traces mentionnées ci-dessus, et les états de frais qui vraîment ne furent pas excessifs bien que présentés à un prince prodigue et qui payait quand il n'avait rien de plus mal à faire ou quand son royal frère mettait bon ordre à ses désordres.

Louis XVI avait donné à ses frères de riches douaires et leur maison coûtait plus cher à la France que la sienne et celle de la reine. Ces deux princes dépensaient sans compter chacun dans leur genre, l'un avec méthode, l'autre avec la plus folle prodigalité. Ainsi voyait-on de temps en temps dans les gazettes de Hollande, ou les mémoires secrets de Bachaumont (XVI-17), des notes du genre de celle-ci :

« 8 oct. 1780. Il passe pour certain que le roi vientde payer les dettes « du comte d'Artois, montant à plusieurs millions. En conséquence ce « prince a donné à Bagatelle une fête au roi revenant de la chasse, entre « hommes seulement où sa Majesté a été fort gaie ; ils étaient trente con- « vives.

« Il paraît qüe M. Necker, pour se concilier cette Altesse Royale, s'est « prêté de bonne grâce à l'arrangement. »

Certainement ce règlement devait couvrir les dépenses des bâtiments de la maison d'Artois ; ce prince folâtre, qui devait peu après se faire recevoir franc-maçon, abusait alors singulièrement de la truelle dans ses divers domaines à Paris et aux environs : palais du Temple, écurie du Roulle, écuries d'Anjou, faisanderie de Chatou, château de Maisons, écuries de la Pépinière, de Versailles, château de St-Germain, château de St-Cloud à la comtesse et enfin Bagatelle, tout fut rebâti ou restauré.

Aussi le bureau des bâtiments était-il important dans sa maison. Voici l'état des officiers de ce département avec leurs appointements vers 1780 :

Blikie, entrepreneur des jardins	1.800 livres
Chalgrin, intendant	10.000
Bellanger, 1er architecte	10.600
Moreau, contrôleur	6.600

Mulard. 1.800
Brasse. 1.200
Thibault (machine hydraulique de Bagatelle).   800
Château, vérificateur 1.800

Le premier architecte touchait en plus un tant pour cent sur les travaux. Il est vrai qu'il avait acheté sa charge assez cher. Voici un résumé de sa situation relativement aux répétitions auxquelles il avait droit de forme, sur le trésor de Monseigneur.

En 1777, M. Bellanger, pour lors, architecte des menus plaisirs du roi, obtient l'agrément de Monseigneur pour traiter avec le sieur Galant de la charge du 1ᵉʳ architecte de sa maison, moyennant la somme de trente-six mille livres. Le traitement de 6000 par mois, et les frais de bureau ou revenu du capital dépassent ce chiffre ; il procèdera à une dépense de capital de plus de 4 millions sur lesquels il avait droit pour ses honoraires à 360.000 livres.

Il fut augmenté comme appointements et soumit son travail, plans et devis à M. le surintendant, duquel tout le bureau dépendait.

En 1777, c'était un sieur Radix de Sainte-Foix, qui occupait ces importantes fonctions. Il fut obligé de se résigner en 1781 ; car, il venait d'être frappé d'un ajournement personnel devant le parlement pour dix-neuf cas d'accusations relevés contre lui par le premier commis de surintendance Le Bel. Le comte dit simplement au concussionnaire : « Vous me voliez donc ? » Il répondit avec un grand salut : « Monseigneur, les menus plaisirs de votre Altesse Royale n'en ont jamais souffert. »

Dans un mémoire pour sa défense, il rejette naturellement la faute du désordre de ses finances sur les dépenses extraordinaires du prince qui, le 4 septembre 1781, devait 2.246.238 livres, 16 sols et 8 deniers.

Il est vrai que ce modèle de surintendant avait une maison superbe à Neuilly et qu'il venait d'y faire construire une vacherie merveilleuse pour y soigner sa maîtresse qui s'en allait de la poitrine. Cette galante attention et sa belle réponse au comte d'Artois le sauvèrent sans doute tant bien que mal des griffes du Parlement après un interminable procès que la Révolution interrompit... M. Le Bastard, puis M. de Verdun lui succédèrent plus dignement, et le roi dut de nouveau reniveler le gouffre qu'il avait cru combler en 1780.

Aux archives nationales, nous trouvons dans les papiers de la Maison d'Artois de nombreux documents relatifs aux dépenses et aux travaux de Bagatelle (R. 308, 379, 429, 435).

Voici un tableau qui donne les noms de tous les fournisseurs et entrepreneurs avec le montant de leurs mémoires, dette douloureuse qui fut assez longue à acquitter. Néanmoins tout se solda peu à peu, par acomptes successifs, majorations presque toutes acceptées. Tandis que le prodigue creusait d'autres trous :

DÉPARTEMENT DE BAGATELLE

État de situation de la finance de Bagatelle

Remis à M. Bertrand, vérificateur

ANNÉES	NATURE DES OUVRAGES	NOM DES ENTREPRENEURS	En demande ₶	s	d	En règlement
1777-78-79-81	Peinture	Aubert	63.310	14	5	
—	—	—	20.652	4	»	
1778-79	Sculpture	—	14.658	11	2	
1777-78	Marbrier	Bucciardy	26.813	10	2	
1780-81-82-83	—	—	3.065	12	7	
1783	Carreleur	Boudet	127	6	8	
1778-79	Marbrier	Corbel	4.235	9	6	
1781	—	—	1.328	13	6	
1781	—	—	223	9	6	
1776-77-78	Menuisier	Carbillet	109.741	6	2	
1779-80	—	—	44.090	10	»	
1781-82	—	—	19.181	7	»	
1782	—	—	1.243	8	»	
1782	—	—	3.274	10	»	
1782-1783	Charpentier	Devèze	8.023	6	11	
1784	—	—	3.548	12	6	
1783	Paveur	Lamarre	6.076	6	8	3 861 12 6
1783	Maçon	Magnan	7.020	17	11	
1784	—	—	24.871	3	4	
1784	—	—	1.692	11	3	
1779-81	Couvreur	Charuel	5.053	16	8	
1777-78	—	—	11.473	5	3	
1777	Serrurier	Deumier	194.524	18	2	
1781	Ferblantier	Pirotte	1.500	»	»	
1777	Épinglier	Valée	1.197	17	»	
1778	Mᵈ de graines	Villemorin	1.807	16	»	
1780	—	—	2.371	11	»	
1782-83	—	—	115	11	6	
1784	—	—	31	3	6	

État de situation de la finance de Bagatelle (suite)

ANNÉES	NATURE DES OUVRAGES	NOM DES ENTREPRENEURS	En demande #	ſ	₰
1784	Epinglier	Portié	22	15	6
1783	Rocailleur	Minard	5.400	»	»
1782-83	Treillageur	Bailly	6.912	8	»
1784	Chaudronnier	Legrand	229	»	»
—	—	—	344	»	»
1783	Plombier	Lucas-Gondoin	537	3	»
1784	Miroitier	Presle	8	»	»
1783-84	Fondeur	Deprès	833	5	»
1781-82	Pompe à feu	Caubert	17.076	4	8
1781	Charpentier	Pellagot	1.874	16	»
1784	Menuiserie	Carbillet	1.420	18	»
1784	Treillageur	Bailly	2.913	16	6
1784	Paveur	Hunout	1.485	6	8
1784	Plomberie	Lucas-Gondoin	7.603	15	6
1784	Ferblanterie	Pirotte	369	16	»
1781-82-83-84	Vitrerie	Guerier	7.208	14	8
1782-83	Menuiserie	Corbellet	4.960	6	»
1784	Couvreur de chaume	Dugne	312	10	»
1782-83-84	Fumiste	Meller	444	»	»
1784-85	Sculpteur	L'Huillier	1.100	»	»
1781-84	Couvreur	Charnel	1.897	12	4
1785	Plombier	Lucas	1.332	9	6
	Maçonnerie	Caubert	14.227	15	9
	Miroiterie	Presle	31	9	9
	—	—	263	12	»
	—	—	330	13	»

On voit que sur ces mémoires une seule addition est réduite presque de moitié. C'est un infortuné paveur qui écope; ses chiffres avaient dû être revisés et contrôlés.

Voici du reste une série d'état de règlement à divers ou paiements d'acompte qui donneront une idée du travail qui s'est effectué en cette propriété historique de 1777 à 1787.

Jusqu'au 16 octobre 1779, nous trouvons un état de journée des travaux de terrassement dans le jardin anglais se montant à 1535 livres 14ˢ 8ᵈ, plus les frais de redressage, transport de bonne terre et adoucissement de tous les talus de la route d'entrée de Bagatelle, se montant à 924 l. 16.

Du 23 novembre 1785, nous trouvons les relevés suivants pour Bagatelle : Tolède Colomb, 1.950, Parrot, corroyeur, 606 l., Basquet, couvreur en paille, 312.10, Menard, rocailleur, 5.538 l. 8, 6.

Du 4 avril 1786, relevé pour Chascot, fontainier, 2.337 + 300 l., Legrand, chaudronnier, 93 l. + 344 + 229 + 341 ; L'Huillier, sculpteur, 1.100 l.

Du 25 mai 1787, Deunier, serrurier, 194.524 l. ; Constantin, peintre, 1.074.

Ce Deunier, serrurier qui a un compte si élevé est assurément l'auteur de ces belles ferronneries de l'entrée.

MM. Persico frères, ont fourni les pompes à arroser pour Bagatelle, la machine hydraulique et la machine à feu, rouleaux de fer, et le batis pour la pompe à feu de Bagatelle.

Nous trouvons dans le même carton des mémoires du terrassier, pour l'année suivante des ouvrages de terrasse faits pour la construction du jardin anglais de Bagatelle montant à la somme de 11.726 l.

ETAT D'ACOMPTES

Au sr Dusseaux, peintre,	3.000
Au sr Auger, poseur de sonnette	1.200
Au sr Mézières, sculpteur,	600
Au sr Lhuillier, sculpteur ornemaniste,	1.000

Giot, poëlier, remit pour les années 1777-1778, un mémoire où Bagatelle figure pour 9641 livres.

Etat des acomptes à donner aux entrepreneurs de Monseigneur, du 30 mai 1478.

Le sr Carbillet, menuisier, tant de Bagatelle que du Temple	6.000
Le sr Lhuillier, sculpteur de Bagatelle	4.000
Le sr Duffaux, peintre décorateur de Bagatelle	2.000
Le sr Lamarre, paveur,	3.000

Extrait des états des acomptes à donner aux entrepreneurs du bâtiment, du 14 février 1781.

Le sr Auger, sculpteur, demande qu'on lui termine le premier mémoire qui a été réglé, montant à 6.020 l. sur lequel ayant reçu acompte 4.000, reste 2.020 l. Il en a le plus grand besoin ayant fait des avances considérables pour le jardin anglais de Bagatelle.

La mention suivante, nous donne un échantillon des marchés d'entretien:

Marché fait avec le sʳ Melles, maçon fumiste pour réparation, entretien et ramonage des bâtiments de Monseigneur.

Pour le château de Bagatelle où il se trouve trente-cinq tuyaux de cheminées dans chacun desquels seront fait les ouvrages ci-dessus, deux ou trois fois par an, ou plus s'il en est requis, comme dit, est et sera payé en la somme de cinquante-deux livres.

Pour finir cette nomenclature, totalisons tous ces chiffres par une note récapitulative :

D'un état du montant des mémoires d'entrepreneurs et des ouvrages faits par économie, c'est-à-dire non en totalité, non compris les marchés d'entretien annuels depuis 1776 jusqu'au 1ᵉʳ janvier 1789 exclusivement, nous extrayons tous les chiffres pour Bagatelle : les mémoires en demande sont de 1.632.425 livres 9 deniers ; mémoires réglés 1.142.688 livres 12 sols 3 deniers : le montant des économies à 561.453 l. 17 s. 5 d. ; au total 1.704.142 livres, 9 sols, 8 deniers.

Ce total n'a rien d'excessif, mais il faut observer que ne figurent pas dans ce chiffre global les meubles, œuvres d'art, statues, tableaux et bibelots qui encombraient le logis et témoignaient d'une grande magnificence et d'un goût parfait chez le propriétaire, au dire de Bachaumont.

Le chiffre ci-dessus ne concerne que les dépenses du bureau des bâtiments, le reste fut prélevé sur la cassette particulière ou sur la collection appartenant déjà au prince. Voici l'état officiel de ce bureau quand commencèrent les travaux.

21 septembre 1777. Etat des personnes employées par Monseigneur à l'administration des bâtiments officiers en charge.

OFFICIERS EN CHARGE

Le sʳ de Ste-Foy, surintendant.
Le sʳ Chalgrin, intendant.
Le sʳ Bellanger, 1ᵉʳ architecte.
Le sʳ Moreau, contrôleur.

OFFICIER PAR COMMISSION

Le s^r Mulard, inspecteur au Département de St-Germain
Le s^r Coutouli, inspecteur au département Paris et Bagatelle.
Le s^r Paris, vérificateur.
Le s^r Briasse, garde-magasin.

BUREAU DE LA SURINTENDANCE

Le s^r Le Bel, 1er commis.
Le s^r de La Chenaye.

Cet état fut modifié par la suite ainsi que nous l'avons indiqué. Avant de donner un aperçu du travail de ce bureau, donnons encore à titre de document la liste suivante des fournisseurs de Bagatelle.

Froment, pour la lingerie 1777.
Robert, papetier, 1777.
Gautier, marchand de graines, à Bourg-la-Reine, 1789.
Jacob, menuisier en meubles.
Barron, porcelaines de Sèvres.
Remond, doreur.
Maclard, menuisier.
Vasseur, serrurier.
Daguerre, marchand de girandolles.
Marguerit, poélier.
Riesenes, ébéniste.
Beurier, poélier.
L. Normand, marchand de soie.

VII

Nous ne trouvons donc pas trace dans les papiers officiels du
fameux pari du comte et de sa royale belle-sœur. Les 100.000
livres du pari auraient été absorbées et au-delà par les archi-
tectes. Les travaux semblent avoir duré depuis 1777 à 1781, sans compter les embellissements successifs qui furent apportés aux bâtiments et
au parc. Seul le pavillon d'habitation fut rapidement construit ainsi qu'en
témoigne la légende de la gravure où il est dit qu'il fut édifié en 64 jours
sur les dessins de Bellanger... Pour le reste nous allons savoir quels
moyens et quel temps furent employés à leur établissement. Voici d'abord
un rapport au surintendant pour le premier architecte constatant l'état des
travaux faits et à faire.

Mémoire sur l'état actuel des bâtiments de Monseigneur, comte d'Artois,
avec quelques détails sur leur formation, leur discipline et leur régie.

Bagatelle. Les travaux commencés à Bagatelle ont été relatifs aux différents détails de service. Ce lieu était le seul où Monseigneur puisse
recevoir le Roy et la famille royale, trois ou quatre fois par an.

Les différents séjours que Monseigneur y a fait en différents temps, avaient
déterminé à y créer des jardins pittoresques. Il y a eu en conséquence
des plans arrêtés par lui, et comme la nature des travaux, de transport
et apport de terre, de plantations, etc., ne pouvait se faire réguliè-
rement et judiciairement au toisé, il a été convenu qu'ils seraient faits par
économie. En conséquence il se tient registre exact, et on en fait
payer le montant toutes les quinzaines par le s'' Bressy, concierge, au nom
duquel se fait l'ordonnance, et sur les rôles qui en sont tenus par l'inspecteur du département, d'autre part.

Les travaux nécessaires à terminer dans ce département sont : 1° Un
hangar, destiné pour l'usage de la Bouche, qui est fort avancé. 2° Un
cours de rivière fait en ciment qui ne peut rester à découvert pendant

l'hiver, et une serre chaude qui est déjà fort avancée et dans laquelle doit être resserrée la nombreuse collection de plantes étrangères qui ont été envoyées d'Angleterre à Monseigneur et qui faisaient partie du retour du voyage entrepris dans le nord par le capitaine Cook.

Il a été fait un marché avec le sieur Perrier pour fournir à Monseigneur une pompe à feu dont l'établissement de la machine et des bâtiments doit être achevé dans les premiers jours de novembre, moyennant une somme de trente mille livres, afin de se procurer la quantité d'eau nécessaire pour les arrosages du jardin, ainsi que pour les effets pittoresques, dont ce lieu est susceptible.

Le ralentissement des travaux sur les canaux destinés à recevoir l'eau empêcherait qu'elle n'eut point d'écoulement, et la conduite serait en danger de crever, si elle n'était mise en décharge pendant les gelées.

La présence de M. le Surintendant sur ce local, le mettra à portée de juger des dépenses indispensables à faire pour la conservation et l'entretien des ouvrages déjà commencés, 1779.

Les travaux de Bagatelle étant entièrement terminés, il ne reste plus qu'à clore le parc, à semer une partie de gazon en face du Pavillon et à terminer les marchés d'entretien.

La clôture du parc est un objet de 24.000 livres qu'il est de toute nécessité d'entamer cette année pour la sûreté des meubles du Pavillon et pour la conservation de tous les arbres, arbustes et plantes du parc, contre les daims, les chevreuils et les lapins qui détruisent tout ce qui est planté.

La partie du gazon que l'on demande à semer en face du pavillon est un objet de 400 l. y compris le labour. Ce petit accessoire qui est un très grand avantage pour la vue du pavillon, n'est pas d'une dépense assez considérable pour être reporté au printemps prochain.

Les marchés d'entretien ne peuvent être faits et signés que les entrepreneurs désignés ne soient approuvés de Monseigneur, et choisis par M. le surintendant, suivant et d'après le tableau qui lui a été présenté il y a trois mois (observation concernant les bâtiments de Monseigneur le comte d'Artois présentés au bureau le 6 avril 1780). Travail du 1er architecte, bureau de M. le Surintendant du 19 février 1781.

Monsieur le surintendant ayant ordonné qu'il fut fait des rouleaux ou cylindres de fer fondu à l'usage du gazon, dans le jardin anglais, nous avons chargé le sieur Perrier de nous en faire fondre quatre, savoir un grand et un petit à Bagatelle, eu égard à la grande superficie du terrain mis en gazon, un pour Maisons et un pour Saint-Germain. La dépense de ces rouleaux pourrait être de quatre cents à quatre cent vingt livres, l'un portant l'autre.

Bureau du 30 janvier 1781. — Il serait nécessaire d'obtenir de la maîtrise la prolongation de la route partant de Bagatelle commencée en 1779, qu'il faudrait continuer jusqu'à la croix d'Hermenonville, allant de là à la porte Maillot pour Paris. Il en faudrait une autre partant de Bagatelle, allant de la porte des Princes, qu'il serait utile d'obtenir pour raccourcir le chemin de Versailles à Bagatelle, au lieu de passer par la croix catelan, comme il est d'usage actuellement. Cela éviterait qu'on se servît de la route du Rond de Mortemart à ladite porte des Princes, qui est toujours fort mauvaise et risquable pour le passage de Monseigneur. Il faudrait aussi obtenir le dressage et l'élargissement de la route, venant du château de Madrid, passant à Bagatelle, allant à la porte de Longchamp, qu'il est impossible de ne pas refaire et bomber à neuf pour en supprimer les grandes mares d'eau qui y sont, ce qui devient dangereux lors des chasses en traineaux.

Bureau du 7 mars 1782. — Monseigneur le prince de Conti a fait demander à ce qu'on ensemençât en foin la partie de la prairie dans laquelle il a bien voulu qu'on enleva toutes les terres fraîches, qui ont été transportées dans le jardin de Bagatelle. Nous n'avons pas cru devoir donner l'ordre qu'on nous a demandé, d'acheter la graine du foin à ce nécessaire, sans y être autorisé par M. le surintendant, quoique persuadé qu'il se prêterait d'autant plus volontiers à cette demande que c'est le moindre moyen par lequel on puisse témoigner à son Altesse Sénérissime le remerciement des terres qu'il a bien voulu consacrer pour Monseigneur. Nous le prions de statuer à cet effet. Note du surintendant : Bon.

Bureau du 22 janvier 1781. — Nous avons vu que par le travail du bureau du 15 janvier dernier, M. le surintendant a bien voulu accorder quarante-cinq ouvriers à l'inspection des jardins pour des travaux de plantation de semence; du gazon qu'il a décidé pour le jardin de Monseigneur. Nous prendrons la liberté de lui représenter que les deux cent cinquante toises cubes de bonne terre provenant des berges de la rivière dans les prés de Monseigneur le prince de Conti, et transportés dans les jardins de Bagatelle qu'il a bien voulu légalement accorder ne sont point confirmées par son *bon*, que nous le prions de vouloir bien apposer.

Note du surintendant : Bon, pour les dites deux cent cinquante toises cubes de bonne terre.

Bureau du 18 mai 1784. — M. le surintendant nous ayant chargé de prendre connaissance des tableaux de paysage qui étaient à refaire dans le boudoir de Bagatelle ; nous avons été à portée de voir à notre dernier voyage qu'il suffisait de refaire seulement les deux petites qui sont à droite et à gauche de la cheminée, attendu que celui à gauche de la croisée peut être encore conservé dans l'état où il est actuellement. Nous engageons en conséquence, Monsieur le Surintendant à vouloir faire passer les ordres à M. Robert pour refaire les deux tableaux qui lui ont été payés 25 louis pièce. Note du Surintendant : Bon, pour refaire les 2 petits tableaux, à côté de la cheminée dans la salle de bains ; j'écrirai, en conséquence, à M. Robert.

Bureau du 28 août 1784. — Il paraîtrait nécessaire que M. le surintendant voulut bien faire passer ses intentions à M. Perrier pour l'approvisionnement de la pompe, attendu que si l'on ne prenait cette précaution à cette époque où les bateaux peuvent passer sur le canal, on se trouverait dans le cas d'en manquer l'année prochaine, ce qu'il est essentiel de prévoir. Comme ces charbons viennent des fosses de Deuze, c'est à M. Perrier qu'il faudrait faire passer les ordres. La dépense de cette fourniture avec le débardage est d'environ quinze à seize cents livres.

Note du surintendant : J'écrirai à M. Perrier.

Bureau du 21 août 1782. — Le voyage de Madame la comtesse d'Artois à Bagatelle, qui paraît décidé pour le mois prochain, attirera beaucoup de monde à la cour et sûrement la reine. Il y a dans le jardin quelques objets de réparations instantes à faire en maçonnerie, surtout dans la partie qui sépare le réservoir d'avec le premier canal.

Les travaux les plus urgents à faire sont, d'une part, 300 toises de fouilles de terre pour l'écoulement des eaux, à raison de 3 l. la toise, ci. 900 l.

D'autre part, environ 45 à 50 toises de maçonnerie en chaux, ciment avec meulière pour le rétablissement de la solidité d'un pont et construction de plusieurs digues pour la retenue des eaux, prix fait à 24 l., ci 1200, total 2100.

Note du surintendant : J'ai été à Bagatelle. L'écoulement des eaux dans l'état actuel des choses me paraît devoir suffire. Bon, pour la réparation en maçonnerie.

Bureau du 11 mars 1782. — Dans notre dernière visite à Bagatelle, l'inspecteur des jardins nous a représenté qu'il serait nécessaire que M. le surintendant voulût bien lui accorder quelques ouvriers de plus pour continuer et parfaire différentes parties du jardin qui sont en souffrance.

En conséquence nous en désignons ici la quantité et leur genre d'occupation, afin de mettre M. le surintendant à portée de connaître la nécessité de leurs fonctions et de l'emploi de leur temps.

L'inspecteur nous a fait observer que l'objet seul des pépinières demandait d'autant plus de soin qu'il était arrivé au terme où il fallait repiquer plusieurs millions d'arbres, dont les graines provenant de l'Amérique méridionale et septèntrionale avaient été semées depuis un an et périraient faute de ne pouvoir être repiquées dans des terrains plus spacieux et préparés pour eux, attendu qu'elles s'étouffent et s'étiolent sur les planches où elles ont été semées.

Roulage de gazon,	4 ouvriers	2
Potager,	2 —	2
Chassis de souches et pépinières,	6 —	2
Jardin français,	1 —	1
Plantation, labourage et semis du gazon,	12 —	2
Garçon principal,	1 —	1
Total.	26	

Note : S'en tenir aux 16 journées accordées précédemment.

Bureau du 14 mai 1783. Au dernier voyage de Monseigneur à Bagatelle, il fumait dans la rotisserie de manière à n'y pouvoir habiter par la position des vents. Et il nous fut demandé de faire mettre une gueule de loup en tôle sur chacun des tuyaux qui couvrent cette cheminée. M. le Surintendant voudra bien nous donner un bon à ce sujet.

Bureau du 14 mai 1783.— Le s^r Perrier de Garennes avec qui nous nous rendîmes, le 12 du présent, à Bagatelle, à l'effet de connaître des causes de la rupture d'un des tuyaux de la conduite d'aspiration, qui ne provient absolument que du petit diamètre de la conduite des eaux au réservoir, comparée à la quantité d'eau que fournit la pompe, demande nécessairement à ce que les robinets de branchement qu'on a établi inconsidérément et sans ordre sur cette conduite soient supprimés ou sans usage, tant que la conduite actuelle subsistera.

Les vents qui s'introduisent par ce branchement ouvert dans la conduite principale en s'opposant au cours de l'eau que la machine y force, occasionnent sur le tuyau montant de ladite machine, ou dans les conduites qui mènent les eaux au réservoir. Supprimer tous les robinets d'embranchements, exceptés ceux qui mènent aux offices et aux cuisines.

Bureau du 3 juillet 1783. — Après un examen de ce qu'il convient de faire pour terminer la rivière de Bagatelle sur les dernières intentions de M. le premier architecte, avec qui nous nous rendîmes sur les lieux le 26 du mois dernier, il nous paraît que la dépense nécessaire à parfaire cet objet, se montera, compris terrain, maçonnerie, rocaille, à la somme de 14.520 liv. Nous rapportons ci-joint l'esquisse calculée de ce projet au centre de laquelle nous avons posé les extraits de détails des devis. Monsieur le surintendant devra bien y apposer sa décision.

VIII

Voila donc terminé le cadre où allait s'ébattre le prince pour ses plaisirs, ses amours, ou ses affaires. Car, Bagatelle n'était pas seulement une petite maison discrète et secrète. Le comte y conviait le roi, la reine, la cour et les gens de sa maison.

Charles-Philippe, fils de France, frère du roi, comte d'Artois, duc d'Angoulême, de Berry et de Chateauroux, comte de Poitou et de Ponthieu, avait un train d'importance. Il tirait de son domaine un revenu considérable et sa maison seule lui coûtait plus de deux millions d'entretien. Il avait un trésorier général, Ant. Bourboulon, un chevalier, des gentilshommes d'honneur, le chevalier de Laurette et le baron de Fumel ; M. de la Martinière était son inspecteur des chasses à Meudon ; le baron de Lucinay et le marquis de Basglion, gentilshommes de la marche ; le secrétaire de ses commandements M. F. Didier-Mesnard de Choisy ; M. Lieutaud, son médecin ordinaire.

La comtesse avait des dames d'honneur et d'atours, un aumônier ordinaire. Le duc de la Vrillère et le s[r] Aujorrand étaient ses écuyers.

Le vicomte de Montesquiou et M. de Crussol commandaient les gardes du comte. Nous avons énuméré les officiers qui composaient le bureau des bâtiments.

Ce prince avait une conduite des plus légères dans sa jeunesse. Il s'entendait fort bien avec la reine qui était pleine d'indulgence pour ce prince étourdi, sur lequel elle veillait avec sollicitude, palliant ses frasques, plaidant sa cause, auprès du roi et prenant part à ses escapades. Il aimait passionnément le jeu et le pharaon lui fut interdit par le roi. Son allure cavalière et tapageuse le faisait surnommer « Galaor » par les dames.

A Marly on le vit perdre 3.000 louis sans sourciller ; plus tard, il perd sur parole deux millions. Cette fois le roi se fâche lorsqu'il lui avoue cette folie. La dette fut annulée comme sa nature l'exigeait et le comte fut exilé à Fontainebleau pour deux mois. Durant ses loisirs il apprend à danser sur la corde, puis se met à jouer la comédie à Trianon, donnant la réplique à Marie-Antoinette dans le *Plaisir du Village*, dont Jean-Jacques Rousseau vint diriger les répétitions.

Il aimait aussi beaucoup les chevaux et faisait courir à Vincennes et dans la plaine du Sablon. Il eut aussi de vaporeuses liaisons et paya 500 louis une nuit de la Contat, une illustre comédienne de l'époque ; elle venait diriger les répétitions de Trianon, ce fut à la suite d'une chute qui l'immobilisa quelque temps, que le comte d'Artois se livra avec elle, à cette galanterie coûteuse, pour l'indemniser sans doute. Les danseuses eurent aussi ses faveurs. La Guimard et la Du Thé furent ses préférées.

Comme il avait épousé une princesse de Savoie, on s'était amusé à faire un jeu de mot, que rapporte Bachaumont dans ses *Mémoires secrets*.

« La demoiselle Du Thé est une courtisane très renommée. On a prétendu
« depuis peu que M. le comte d'Artois avait pris du goût pour elle. On
« disait par plaisanterie que ce prince, ayant eu une indigestion de biscuit
« de Savoie, venait prendre du Thé à Paris ; mais ce quolibet fondé seule-
« ment sur une rumeur générale n'a nul motif. Cependant c'en est assez
« pour avoir indisposé le public contre elle ; et jeudi dernier, s'étant mon-
« trée à Longchamp dans un carosse à six chevaux avec l'appareil d'une
« femme de la plus haute qualité, elle a été tellement entourée et huée,
« qu'elle n'a pu entrer en file et que son carosse a été forcé de rétrograder ;
« il a fallu qu'elle s'en allât. » (XXX. 227.)

Mais le prince ne s'attaquait pas seulement aux reines du théâtre. Il eut pour ami Mme de Canillac, dame d'honneur de la duchesse de Bourbon. Cette dernière eut grand dépit de ses amours. On dit même qu'elle en était très jalouse et qu'elle en voulut mortellement au prince de l'avoir dédaignée. Pour se venger, elle fit naître l'occasion de mêler son mari à cette affaire.

Nous trouvons donc dans les mémoires de Bésenval des détails sur la grande querelle du duc d'Artois et du duc de Bourbon. Ce chroniqueur nous apprend que ce fut à Bagatelle que le duc de Bourbon crut devoir aller provoquer le comte d'Artois, après une vaine tentative du roi pour arranger l'affaire.

« Tout le monde sortit mécontent, et cela devait être. Comme madame
« la duchesse de Bourbon en assurant le roi que son intention n'avait jamais
« été de lui déplaire, n'avait pas ajouté et « *et à la famille royale*», M. le comte

« d'Artois ne lui avait fait aucune réparation : par conséquent elle se tenait
« toujours pour offensée et M. le duc de Bourbon se croyait obligé d'en
« demander raison, ainsi que l'avaient décidé les femmes ; aussi se conduisit-
« il, d'après cette opinion. Dès l'après-midi il monta à cheval et alla à
« Bagatelle, petite maison que le comte d'Artois avait dans le bois de Bou-
« logne, où jamais M. le duc de Bourbon n'avait mis les pieds, ces deux
« princes ne vivant point du tout ensemble. Il affecta de demander au
« concierge si M. le comte d'Artois n'y viendrait point dans la journée et
« quand on l'y attendait : manière de le provoquer ; car il n'avait·pas jugé
« à propos de lui écrire, encore moins de l'aller chercher à Versailles. »

Cette querelle provenait de la rencontre du duc d'Artois et de la duchesse de Bourbon au bal de l'Opéra. Le duc avait à son bras Mme de
Canillac, l'ancienne dame d'honneur de la duchesse que celle-ci avait
remerciée assez brutalement à la suite de ses rapports avec le comte d'Artois. On a même dit et écrit que la duchesse avait agi sous l'empire de
quelque dépit amoureux. Etait·ce ce même dépit qui l'excitait à
poursuivre le couple rencontré à l'Opéra, de ses sarcasmes jusqu'au point
de mettre en fuite cette pauvre Mme de Canillac, puis d'arracher le mas-
que du comte d'Artois. Celui-ci, outré, s'oublia au point d'écraser celui de la
duchesse sur sa figure. La duchesse colporta la nouvelle de cet esclandre
dans tous les salons de la ville et à la cour. Le roi s'en mêla en vain, la
reine fit tous ses efforts pour éviter une rencontre, jugée inévitable par
tous. M. D'Autichamps instruisit le comte du mauvais bruit qui courait
sur son compte, certains gentilshommes juraient de ne point lui rendre
les honneurs dûs à un prince du sang, s'il refusait au duc de Bourbon la
la satisfaction qu'il était en droit d'exiger.

« Malgré l'opposition du roi et de la reine, la cour avait pris parti pour
« la duchesse de Bourbon, et les meilleurs amis du comte d'Artois lui con-
« seillèrent d'accepter le cartel du mari qui voulait venger l'affront fait
« à sa femme. « Mais où et comment se rencontrer, demande le prince à M.
« de Meneval : Puisque M. le duc de Bourbon a paru vous indiquer le bois
« de Boulogne en allant à Bagatelle, c'est là qu'il faut vous rencontrer ;
« montez demain à cheval à dix heures du matin comme cela vous arrive
« souvent avec votre capitaine des gardes seulement. Promenez-vous une
« heure ou deux, et de là, venez-vous en à cheval dîner chez moi. Il y a à
« parier que M. le duc de Bourbon se fait instruire de vos démarches et que
« vous le rencontrerez pendant votre promenade ; si vous ne le trouvez pas
« au Bois de Boulogne, vous lui donnerez toute facilité en venant chez moi.

« Ma maison étant à quatre pas du palais Bourbon, c'est bien lui dire : « Me
« voilà ; si vous avez à me parler, venez... »

Le comte d'Artois suivit l'avis donné et voici comment le chevalier de
Crussol, capitaine des gardes du comte d'Artois, raconta au baron de
Besenval la suite de l'affaire, qui se déroula sous les murs de Bagatelle,
théâtre de cette affaire héroï-galante :

« Ce matin, avant de partir de Versailles, j'ai fait mettre en secret sous
« un coussin de la voiture sa meilleure épée ; nous sommes venus tête à
« tête ; et croyant que j'ignorais tout, non seulement il ne m'a parlé de
« rien, mais même il ne lui est pas échappé un seul mot qui eût pu me
« donner le moindre soupçon.

« Il a été fort aimable, et il n'a cessé de faire des plaisanteries. Quand
« nous sommes arrivés à la porte des princes, où nous devions monter à
« cheval, j'ai aperçu M. le duc de Bourbon à pied avec assez de monde
« autour de lui. Dès que M. le comte d'Artois l'a vu, il a sauté à terre et,
« allant droit devant lui, il lui a dit en souriant: « Monsieur, le public
« prétend que nous nous cherchons. » M. le duc de Bourbon a répondu
« en ôtant son chapeau : « Monsieur, je suis ici pour recevoir vos ordres.
« — Pour exécuter les vôtres, a repris M. le comte d'Artois ; il faut que
« vous me permettiez d'aller à ma voiture. » Et étant retourné à son
« carosse, il y a pris son épée ; ensuite il a rejoint M. le duc de Bourbon.
« Ils sont entrés sous le bois, où ils ont fait une vingtaine de pas. M. le
« comte d'Artois a mis l'épée à la main et M. de Bourbon aussi. Ils
« allaient commencer quand M. le duc de Bourbon, adressant la parole à
« M. le comte d'Artois, lui a dit : « Vous ne prenez pas garde, Monsieur,
« que le soleil vous donne dans les yeux. — Vous avez raison, a répondu
« M. le comte d'Artois, il n'y a point encore de feuilles aux arbres, cela
« est insupportable, nous n'aurons d'ombre qu'au mur, et il n'y a pas mal
« loin d'ici ; mais n'importe, allons. »

« Sur cela, chacun a mis son épée nue sous son bras, et les deux princes
« ont marché l'un à côté de l'autre, en causant ensemble, moi suivant le
« comte d'Artois, et M. de Vibraye (1), M. le duc de Bourbon. Tout le
« monde est resté à la porte des Princes.

« Arrivés au mur, M. de Vibraye leur a représenté qu'ils avaient gardé
« leurs éperons, et qu'ils pourraient les gêner : j'ai ôté ceux de M. le comte
« d'Artois et M. de Vibraye ceux de M. le duc de Bourbon : service qui a

---

1. Capitaine des gardes de M. le duc de Bourbon.

« pensé lui coûter cher ; car en se relevant il s'est attrappé sous l'œil à la
« pointe de l'épée de M. le duc de Bourbon, qui l'avait, je l'ai dit, sous son
« bras. Un peu plus haut, il avait l'œil crevé.

« Les éperons ôtés, M. le duc de Bourbon a demandé la permission à M. le
« comte d'Artois d'ôter son habit, sous prétexte qu'il le gênait. M. le comte
« d'Artois a jeté le sien, et l'un et l'autre ayant la poitrine découverte, ils
« ont commencé à se battre : ils ont resté assez longtemps à ferrailler. Tout
« à coup j'ai vu, poursuivit Crussol, le rouge monter au visage de M. le
« comte d'Artois, ce qui m'a fait juger que l'impatience le gagnait. En effet,
« il a redoublé et pressé assez M. le duc de Bourbon pour lui faire rompre
« la mesure dans cet instant. M. le duc de Bourbon a chancelé, et j'ai perdu
« de vue la pointe de l'épée de M. le comte d'Artois, qui apparamment a
« passé sous le bras de M. le duc de Bourbon. Je l'ai cru blessé et me suis
« avancé pour prier le prince de suspendre. Un moment, Messeigneurs leur
« ai-je dit, si vous n'approuvez pas la représentation que j'ai à vous faire,
« vous serez les maîtres de recommencer; mais, à mon avis, en voilà qua-
« tre fois plus qu'il n'en faut pour le fond de la querelle, et je m'en rap-
« dorte à M. de Vibraye, dont l'opinion doit avoir du poids en cette matière.
« — Je pense absolument comme M. de Crussol, a répondu M. de Vibraye,
« et qu'en voilà assez pour satisfaire la délicatesse la plus scrupuleuse.

« — Ce n'est pas à moi à avoir un avis, a repris M. le comte d'Artois,
« c'est à M. le duc de Bourbon à dire ce qu'il veut : je suis à ses ordres.

« — Monsieur, a répliqué M. le duc de Bourbon, en adressant la parole à
« M. le comte d'Artois et en baisant la pointe de son épée, je suis pénétré
« de reconnaissance de vos bontés, et je n'oublierai jamais l'honneur
« que vous m'avez fait.

« Monsieur le comte d'Artois, ayant ouvert ses bras, a couru l'embras-
« ser, et tout a été dit. »

Le comte d'Artois alla ensuite au palais Bourbon où la duchesse accueillit
assez fraîchement ses excuses.

Le soir, il avait été arrangé assez mal que la reine irait à la comédie et
que le comte d'Artois irait l'y rejoindre. Le public lui fit un froid accueil,
et M. le duc de Bourbon fut comblé d'applaudissements, ainsi que la
duchesse, qui ne méritait pas cet excès d'honneur. A cette époque,
tout ce qui était fait contre la reine et son parti était approuvé de la cour
et de la ville. M. le comte d'Artois fut douloureusement affecté de ce traitement, « car il sent le prix de l'opinion publique et finira par la conquérir
quand il sera mieux connu. »

Le lendemain M. le comte d'Artois reçut l'ordre d'aller en exil à Choisy, et M. le duc de Bourbon à Chantilly. Ils y restèrent huit jours.

L'humeur joviale du comte l'invitait aux fêtes et au plaisir de la table. Bagatelle était disposé pour recevoir nombreuse compagnie. On a vu que le roi ne dédaignait pas d'y aller se réjouir entre hommes. Les propos de son frère avait le don de le dérider et en somme il avait beaucoup d'esprit et de gaîté.

« Bachaumont XXI-65. — 17 décembre 1782. On cite un autre calembour « à l'occasion du siège de Gibraltar, que, dans son aimable gaîté, s'est « permis dit-on, M. le comte d'Artois lui-même. On veut qu'il ait dit à « la Reine que la batterie qui avait fait le plus de mal aux Espagnols « dans le siège, avait été sa batterie de cuisine. En effet, on prétend que « les officiers espagnols fort sobres naturellement et peu accoutumés à « la bonne chère, gagnaient fréquemment des indigestions à l'excellente « table que tenait S. A. Royale.

« 27 novembre 1780. M. le comte d'Artois fait imprimer au Louvre « un Sottisier, ou recueil de toutes les pièces grivoises en prose et en vers, « que les amateurs avaient jusqu'ici gardées en portefeuille. On invite en « même temps les auteurs modernes, qui ont de ces sortes de morceaux non « imprimés, de contribuer en les livrant au grand jour au plaisir de son « Altesse Royale. M. Robé est sollicité de confier son poème de *la Vérole*, « M. Marmontel sa *Neuvaine*, M. Guichard ses *Contes*, etc. Il ne sera tiré « que soixante exemplaires de cette collection qui n'a point de censure et « au bas de laquelle on lit *par ordre*. Il faut qu'on ait surpris la religion du « Roi, qui ne se serait pas prêté à cette impression. Il y a apparence qu'un « tel recueil qui pourra se grossir chaque année est pour orner la bibliothé- « que de Bagatelle et en faire sa base.

« On croit que cette collection s'étendra aux pièces satiriques et politi- « ques concernant les anecdotes de la cour. »

Le roi Louis XVI n'aurait eu garde de s'opposer à cette gauloiserie de son frère, qu'il considérait un peu comme un enfant gâté. Lui-même, quoique bon chrétien et bon père de famille, ne dédaignait pas les gauloiseries. Ainsi à Brunay, chez M. le comte de Provence, il aimait fort à assister à des représentations grivoises.

Voici encore d'autres ouvrages que Bachaumont, non sans ironie, recommande au prince pour sa bibliothèque de Bagatelle.

« 15 janvier 1784. — Bibliothèque des dames de la cour, avec de nouvel-

« les observations, décembre 1783. Extrait du catalogue : *Traité du danger*
« *d'aimer trop son mari*, dédié à Mme la comtesse d'Artois.
    « La *Passade*, dédiée à M. de Blot, par le comte d'Artois. »

Mais le prince s'occupa d'une littérature plus sérieuse et rendit de grands
services à Beaumarchais qu'il sauva de la Bastille et dont il joua le « Barbier de Séville » à Trianon, avec la Reine dans le rôle de Rosine.

Malgré le caractère cruellement satirique de sa « Folle Journée » ou
« Le Mariage de Figaro », il contribua par sa prudence à la Comédie au
succès de cette représentation.

Du reste nous avons dit qu'il se fit affilier à la Franc-maçonnerie avec
le duc de Chartres comme parrain. La loge était sise en un ancien cou-
vent des jésuites. Il y eut un grand festin pour célébrer son entrée. Quelques temps après, il jouait un rôle de femme chez la duchesse de Polignac,
l'amie de la reine.

Le roi faisait des gorges chaudes au récit de ses escapades, surtout un
jour que le lieutenant de police lui apporta une lettre du comte à une fille
de l'Opéra.

La nouvelle de la mort de Marie-Thérèse d'Autriche fit décommander
une grande fête qui devait se donner à Bagatelle.

Pendant l'expédition d'Espagne, Madame, la comtesse d'Artois s'établit
à Bagatelle, car la famille royale était dispersée. Elle fait inoculer le
vaccin à sa fille, Mademoiselle, à Passy. Elle profite de ses loisirs et de
l'absence de son mari pour visiter l'atelier de Vernet où se trouvent expo-
sés les tableaux destinés au comte des Asturies, qui les lui paie 100.000
francs. Elle alla voir aussi la galerie de Girardot. (Sept. 1782).

L'année suivante survint une aventure qui dut donner à penser au comte
d'Artois et le punit de sa légèreté vis-à-vis de sa femme.

« 31 décembre 1783. — On parle beaucoup d'un ancien garde du comte
« d'Artois arrêté avec un grand mystère et beaucoup de rigueur. C'est
« un très beau cavalier qui se vantait d'être entretenu par les femmes. On
« veut qu'on ait découvert qu'il avait mérité les bontés d'une grande
« princesse, qu'on lui ait trouvé son portrait qu'il a prétendu tenir d'une
« femme de chambre. Tout cela a l'air très romanesque, très absurde et
« très calomnieux. Il faut attendre d'autres éclaircissements.
    « Le garde se nomme Desgranges, et la femme qui appartient à Madame
« la comtesse d'Artois s'appelle le Roux.
    « M. le comte d'Artois venait de le faire capitaine des cuirassiers et son
« gentilhomme ordinaire, peu de temps avant sa détention. »

Voilà bien le pendant de l'Affaire du collier. Et il est probable que la comtesse d'Artois n'était pas plus coupable que la comtesse d'Almaviva de la « Folle journée ».

Le comte d'Artois pas plus que le roi, ne se désintéressèrent du progrès scientifique. Nous avons parlé de la pompe à feu que ce premier avait fait installer, voici maintenant un essai de navigation aérienne qui a lieu à Bagatelle.

« 29 mai 1785. — Les sieurs Albau et Volet, directeurs de la manufacture « d'air inflammable de Javelle, qui avaient dès l'an passé, annoncé un ballon « de plaisance, qui serait arrêté à terre et servirait seulement à élever sans « aucune crainte ceux qui voudraient en essayer, n'ont pas donné suite à ce « projet. Ils ont cependant construit dans leur moulin un aérostat nom- « mé le *Comte d'Artois*. Ils ont voulu en offrir les premiers au prince qui « leur a permis de se servir de son nom. Instruit que le duc d'Angoulême et « le duc de Berry étaient à Bagatelle, ils s'y sont transportés dans leur « aérostat et en présence de ces petits princes et de leur cour, ont navigué « dans les airs jusqu'à Longchamp et sont revenus de Longchamp à « Bagatelle.

« Madame la comtesse d'Artois s'étant rendue sur les six heures du soir « dans ce château, ils ont recommencé les mêmes manœuvres et avec « plus de facilité encore par l'habitude.

« Ces navigateurs n'avaient pas tenté leur essai à ballon perdu ; ils avaient « une corde qui pendait à terre, à l'aide de laquelle ils pouvaient se « faire arrêter quand ils voulaient.

« Encouragés par cette expérience, ils vont travailler de plus en plus à « perfectionner leur moyen de direction dont ils ne font pas mystère, et « qu'ils écrivent être les mêmes annoncées dans les journaux de Paris du « 4 janvier et 4 février 1785.

« Mme la comtesse d'Artois, nous dit plus loin Bachaumont, était allée « à Bagatelle pour aller voir ses enfants d'abord, puis pour éviter d'aller « visiter un traitant richissime Grimod d'Orsay, qui ce jour-là réunit « la plus brillante société en l'honneur de la comtesse qui ne vint pas. Elle « ne trouva pas ses enfants que le comte d'Artois avait envoyés chercher « pour les mener chez la reine, mais elle assita à la curieuse expérience « relatée plus haut. Ceci se passait moins d'un mois avant la mort de « Pilâtre de Rozier et Romain, victimes de leurs audacieuses tentatives. » (Bachaumont : *Mémoires secrets*, t. XXIX. P. 18.)

On se croirait vraîment de nos jours où la pelouse de Bagatelle fut le théâtre d'expériences analogues de M. Santos-Dumont et autres. En voici un écho dans la presse.

« 6 juillet 1907. M. Viria a fait hier matin des expériences d'aéroplane « à Bagatelle. L'appareil s'éleva de cinq mètres au-dessus du sol. Il par- « courut ensuite une vingtaine de mètres, puis buta de l'avant et tomba « brutalement à terre. L'aéronaute ne fut pas blessé ».

Du reste cette fin du dix-huitième siècle fut fertile en recherches relatives à la navigation aérienne. Les frères Montgolfier ouvrirent le feu avec leur ballon à air chaud. Puis ce fut l'infortuné Pilâtre du Rozier ; Blanchard, ensuite, que tenta aussi le problème de la direction des ballons.

Blanchard fut bafoué pour son fameux « bateau volant » plus lourd que l'air, qui ne voulut jamais fonctionner et pour cause. On le caricatura avec sa machine au-dessus de deux cerfs volants, que des enfants font mouvoir en l'air. On lit au bas cette centurie de Nostradamus, étrangement précise :

> En l'an mil sept cent octante plus ou moins
> Attendrez dans le ciel étrange phénomène :
> Grande ville aux abois qui force gens promène,
> Tous jusques aux marmots veulent en être témoins :
> Plus de guerre n'est bruit, et quoi qu'on en espère,
> Chacun d'iceux sera dupe de la chimère.

Il eut cependant quelque succès avec une autre machine.

A propos de l'ascension de Charle, en décembre 1783, dans un aéros- tat, avec lest et soupape, circule le quatrain suivant.

> Les Anglais, nation trop fière,
> S'arrogent l'empire des mers,
> Les Français, nation légère,
> S'emparent de celui des airs.

Cependant le comte d'Artois est exilé à Turin en 1790. Il dit qu'en exil il a appris trois choses : coucher avec sa femme, faire maigre le vendredi, et aller à la messe. Il fait de notables économies sur la pension de deux millions que lui a votée l'Assemblée Nationale. Il a réduit ses dépenses à 2.000 écus par semaine. Bagatelle est à vendre pour 150.000 livres. On voit ce que cela lui a coûté. Cela lui permet de payer 700.000 livres à ses créanciers.

Plus tard il revient à Chatou, manigance le projet de fuite du roi et de la reine qui échoue à Varenne... Puis, il négocie avec le roi de Prusse et l'empereur d'Autriche.

Avec son frère il organisa l'armée de Condé. Le moment de rire était passé !...

IX

Durant la Révolution, l'histoire de Bagatelle ne fut guère brillante. Vendu comme bien national, le parc servit de cadre à des fêtes champêtres. On dit que Mme de Beauharnais et Mme Tallien habitaient le pavillon, qui fut acheté par Born, le restaurateur en renom. Le frère de ce dernier eut un établissement semblable sur l'emplacement du château de Madrid qui fut incendié par l'acquéreur, pensant ainsi se créer une gloire civique.

On trouve peu de documents en cette période. Bagatelle et le bois devaient être fréquentés par des fugitifs et des conspirateurs :

« 25 mai 1792. Un commissaire de la section des Tuileries, le sieur Noël-« Marie Lefèvre, déclarait que les patriotes étaient inquiets du passage d'un « nombre prodigieux de voitures allant au bois de Boulogne, Saint-Cloud « et Bagatelle, que des gens titrés, descendant de ces voitures tenaient des « propos menaçants contre les patriotes. En conséquence les patriotes « avaient demandé l'autorisation de créer des patrouilles, mais les muni-« cipalités de Passy, d'Auteuil et de Boulogne refusèrent estimant que « cela n'était pas dans les principes de la Révolution. »

Sous le Directoire, l'endroit devint à la mode, Barras y conduisit Mme Tallien, qui y venait aussi toute seule avec son amie Joséphine de Beauharnais, celle-ci eut l'occasion de voir souvent au Luxembourg, dans les salons de Barras, son futur mari, le général Bonaparte.

Celui-ci venait chez Born rêver à sa gloire future et à ses amours, sous les beaux ombrages qu'avait respectés la Terreur, ou qu'elle avait oubliés aimant mieux faucher les têtes qu'abattre les arbres.

Au sujet de la visite de l'envoyé du sultan Ali-Effendy, on appose dans Paris des affiches annonçant des fêtes de tous côtés. On le promène comme

une bête curieuse dans tous les lieux de plaisir de la capitale, du Luxembourg à Idalie, de Tivoli aux Tuileries, aux bals, à Feydeau.

« Bois de Boulogne. Fête à Bagatelle. Aujourd'hui 14 thermidor, illumi-
« nation, bal à grand orchestre, boùquet d'artifice ; prix du billet : 3 livres.

« La route sera éclairée pour le retour par des réverbères placés dans le
« bois.

« NOTA. — La fête orientale aura lieu au jour arrêté par l'ambassadeur
« ottoman. Elle sera annoncée par le programme.

« Les administrateurs de Bagatelle ont l'honneur de prévenir le public,
« d'après les ordres supérieurs qu'ils ont reçus, que les voitures ne pourront
« se placer que dans les endroits qui seront indiqués par la gendarmerie
« et les gardes des administrations forestières, et qu'il y a des peines
« prononcées envers les contrevenants. »

Nous découpons une intéressante relation d'une promenade à Bagatelle
par une belle étrangère, amie de Moreau, qui la faisait passer pour sa
femme, Ida Saint-Elme, dite la Contemporaine : elle aima follement le
maréchal Ney, et a publié des mémoires intéressants où nous avons
trouvé le passage susdit (1).

« Le soir j'allai, suivant mon usage faire une promenade ; je me dirigeai
« vers Bagatelle. C'était alors le rendez-vous de la meilleure compagnie,
« et surtout les plus jolies femmes ; là, on venait à l'envie faire admirèr
« chaque jour, les prodiges de l'art de Mme Germon et les élégants chapeaux
« de chez Leroi. Je me mêlais rarement à la foule, et presque toujours je
« choisissais de préférence les sentiers les plus écartés. Cet amour de la
« solitude attirait sur moi des regards curieux. Sans apporter à ma toi-
« lettte une recherche minutieuse, je ne la négligeais cependant pas. Une
« tunique blanche, et ma coiffure, un chapeau à la grecque, me faisaient
« remarquer sans me singulariser. On prétendait, que de profil, je ressem-
« blais à Marie-Antoinette, et plus d'une fois j'entendis admirer autour
« de moi cette ressemblance qui aurait pu, quelques années plus tôt,
« attirer sur moi des regards ennemis. Mais alors on commençait à
« donner librement quelques larmes à la mémoire de cette infortunée
« princesse. Ce jour là, une dame de la tournure la plus noble, que je
« rencontrai au détour d'une allée, poussa un cri d'étonnement à mon
« aspect. Bientôt après elle détourna les yeux, et j'entendis une autre

---

1. *Mémoires d'une Contemporaine.* Page 140.

« exclamation qui trahissait toute l'amertume des souvenirs que ma vue
« venait de réveiller dans son âme. Vivement émue moi-même de l'accent
« douloureux qui venait de frapper mon oreille, je m'arrêtai dans l'atti-
« tude de la déférence et du respect.

« Marie-Antoinette avait vu le jour sous le même ciel que mon père, elle
« était fille de cette Marie-Thérèse si fidèlement défendue jadis par cette
« noblesse hongroise dont mon père était un des plus nobles rejetons. Tous
« ces rapprochements étaient bien tristes pour mon cœur. Je pris le bras
« d'Ursule, et, dans un trouble inexprimable, je regagnai l'allée au bout de
« laquelle je devais retrouver ma voiture.

« Comme j'arrivais sur la pelouse de Bagatelle, je retrouvai la dame que
« je venais de rencontrer, dans un groupe au milieu duquel brillait Mme
« Tallien ; en m'apercevant elle me salua du plus aimable sourire et dit à
« haute voix : « J'avais bien deviné que c'était de Mme Moreau dont vous
« vouliez me parler » et elle vint à moi avec l'empressement le plus amical,
« tristement affectée par un souvenir ; je fus sensible à ce témoignage de
« l'intérêt d'un bon cœur. J'étais séparée de Mme Tallien depuis quelque
« temps; je la retrouvai plus belle encore peut-être que je ne l'avais connue
« d'abord, son accueil effaça bientôt en moi l'impression pénible que je
« venais d'éprouver. Mon émotion ne lui échappa point, elle sut me le
« prouver avec cette bonne grâce qu'elle possède à un si haut degré. Quant
« à moi, j'avais complètement oublié tous ceux qui nous entouraient, pour
« ne voir que Mme Tallien. Elle paraissait elle-même en ce moment, se
« soucier fort peu de son cortège; elle me demanda si je persisterais à lui
« tenir rigueur, et elle employa tous ses moyens de séduction pour obtenir
« mon consentement à la recevoir chez moi, et à lui rendre ses visites. Le
« projet que j'avais depuis longtemps formé de faire le surlendemain un
« petit voyage de trois jours aux environs de Paris, m'empêcha de lui
« procurer aussi promptement que je l'aurais voulu, tout le plaisir que
« j'éprouvais à renouer mes premières relations avec elle, je promis toute-
« fois de l'aller voir dès que je serais de retour, à la seule condition que je
« ne verrais jamais chez elle qu'elle seule ; elle s'engagea à ne jamais me
« contrarier en ce point.

« Tout en causant nous nous étions entièrement séparées de la compagnie
« et nous avancions seules vers la porte du jardin. La grande célébrité de
« Mme Tallien, son extrême beauté, ma jeunesse, ma taille plus svelte et
« aussi élevée que la sienne, enfin le nom que je portais, tout cela fixa bientôt
« les regards sur nous. La foule des promeneurs rassemblés dans ce rendez-
« vous des oisifs de la capitale, se pressait sur nos pas. Lorsque j'eus
« atteint ma voiture, je m'y élançai rapidement après avoir adressé un

« bref compliment d'adieu à Mme Tallien. Je fuyais, non pas tant par
« modestie que pour obéir au sentiment secret qui me disait combien
« Moreau eut été blessé d'un triomphe dont le moindre inconvénient
« était de me donner en spectacle.

« Ursule, en nous suivant à quelque distance, avait recueilli les remar-
« ques qu'on faisait sur notre compte. Comme ces remarques pouvaient
« flatter ma coquetterie, elle me les répétait avec une scrupuleuse exacti-
« tude. Elle croyait par là se rendre agréable à mes yeux, je lui savais
« gré de l'intention ; mais je n'en regrettais pas moins vivement de m'être
« montrée en public et dans une société que je savais désagréable à
« Moreau..... »

X

Sous le Consulat et l'Empire, Born reste toujours en renom à son pavillon de Bagatelle.

Napoléon avait fait de grandes dépenses dans le bois de Boulogne. Il le fit clôturer et peupler de gibier. Il se plaisait à y chasser et rêva d'y créer un vaste parc devant le palais du roi de Rome à Chaillot, palais qui ne fut jamais terminé.

L'Empereur allait se reposer de ses chasses chez Born. Il finit, en 1810, par acheter Bagatelle qui devait lui servir de rendez-vous de chasse.

Nous trouvons sur cette époque aux Archives (O².560), des documents analogues au travail du bureau du comte d'Artois.

« M. Desmazis, administrateur du mobilier de la couronne. Le 23 no-
« vembre 1810.

« Le comte Daru écrit qu'il a envoyé M. Lecoulteux au rendez-vous de
« chasse de Bagatelle où il y a encore des ouvriers. Les meubles provenant
« de la Grande Duchesse de Toscane au palais Marbœuf, doivent y être
« transportés le même jour. Le pavillon sera prêt incessamment pour
« recevoir leurs Majestés.

« Voici un extrait du devis pour le transport et ajustage du mobilier
« de Marbœuf au rendez-vous de chasse de Bagatelle, en ce qui concerne
« le grand salon : six rideaux de croisée 15/16 blancs, 6 rideaux de
« vitrage, 2 canapés, 6 fauteuils, 12 chaises, 1 écran, 4 tableaux, 2 can-
« délabres, 1 pendule, 1 foyer, 1 tapis.

« 18 décembre 1810. — A M. Desmazis, administrateur du Mobilier Impé-
« rial. J'ai reçu, Monsieur, joint à votre lettre du 6 novembre, le devis de la
« dépense à faire montant à 5.895 fr. 12 pour meubler le pavillon de Baga-
« telle en faisant servir à cet ameublement, ainsi que Sa Majesté l'a ordonné,
« les meubles qui ont été achetés pour le Palais de S. M. le roi d'Espagne.

« J'approuve, comme vous le proposez, que cette dépense, soit prise sur
« ce qui reste disponible du crédit de 150.000 fr. affecté par le budget de
« cette année à l'ameublement du Palais du roi d'Espagne et je vous envoie
« un double de votre devis revêtu de mon autorisation. Daru.

« Caen, le 25 mai 1811. — A M. Desmazis, administrateur du Mobilier
« de la couronne :

« J'ai reçu, Monsieur, les deux devis que vous m'avez adressés par votre
« lettre du 20 de ce mois : l'un relatif à l'ameublement du pavillon de
« Mousseaux, montant pour les objets à acheter à 30.000 fr., pour ceux à
« fournir par le garde-meuble à 8.292 fr. 91 en total à 38.292 fr. 91. L'autre
« relatif à l'ameublement du pavillon de Bagatelle, montant pour les objets
« à acheter à 20.000 fr., pour ceux à tirer du garde-meuble à 15.975 fr. 40 et
« en total à 35.975 fr. 40. Signé Daru.

« Monsieur, la dernière fois que S. M. est allée à Bagatelle, où elle a dîné,
« elle a remarqué que le salon n'était pas assez éclairé, je vous prie donc,
« dans l'ameublement que vous faites, d'ajouter des lumières. Vous pourriez
« même y placer des bras autour, et le plus tôt possible, car d'un moment
« à l'autre L. L. M. M. y retourneront pour dîner.

« Je vous prie aussi de faire donner quelques soins à l'ameublement du
« Bâtard qui est en bien mauvais état. Duc de Frioul. — Sᵗ-Cloud,
« 1ᵉʳ août 1811. »

Le 25 juillet 1812, M. Desmazis envoie à M. le duc de Cadore, ministre
d Etat, intendant général de la couronne, le devis de la dépense à faire
pour l'achat de divers objets mobiliers pour l'ameublement du Pavillon
de Hollande (1), principalement pour l'augmentation de l'éclairage de sa
salle à manger et du grand salon. Ce devis s'élève à la somme de 3.987 fr. 93 y
comprise celle de 80 fr., montant des objets à prendre dans le magasin du
garde-meuble, dépense qui peut être effectuée sur pareille somme restant
libre du crédit de 50.000 fr. accordé pour l'ameublement de ce pavillon
et celui de Mousseaux.

---

1. C'est ainsi que fut dénommé Bagatelle, par Napoléon.

XI

A la Restauration, Bagatelle est vendu au comte d'Artois, devenu Monsieur, depuis la mort de Louis XVII. Il en fait cadeau à son fils aîné, le duc de Berry, qui y séjourna fréquemment et y donna des fêtes. La duchesse y conduisait fréquemment ses enfants.

Voici quelques pièces intéressantes touchant le mobilier ; il ne fut pas trop abîmé par l'armée des alliés qui dévastèrent si bien le bois de Boulogne.

« Inventaire du mobilier se trouvant au château de Bagatelle (dit « Pavillon de Hollande) en 1814.

« Valeur du mobilier de chaque pièce :

« Vestibule.	980 »
« Salle à manger à droite	6.101 40
« id. à gauche	7.355 58
« Grand salon.	23.003 04
« Boudoir à droite	8.228 10
« Cabinet de garde-robe	374 »
« Boudoir à gauche	4.095 »
« Cabinet de garde-robe.	245 »
« Petite pièce à l'entresol	595 »

« Premier étage

Antichambre	296 »
Salon	2.072 »
Chambre à coucher	8.252 »
Cabinet de garde-robe	80 »
Pièce à droite	1.625 »
A reporter. . . .	63.302 12

Report . . .	63.302	12
Chambre à coucher	1.304	50
Garde-robe	41	»
Antichambre à gauche	160	»
Petit salon	817	50
Chambre à coucher	5.351	61
Garde-robe à côté	70	»
Chambre à coucher à gauche	1.384	»
Petite pièce à l'entresol	313	»
Garde-meuble	4.518	43
Pâtisserie	79	»
Cuisine	395	»
Boucherie	45	»
Rôtisserie	312	›
Office	28	»
Communs	823	»
Pavillon du concierge	789	»
Bureau du concierge	65	»
Frotteur	244	25
Magasin	1.722	20
A la fin de décembre 1812 l'inventaire était de .	92.045	54

à laquelle somme doit être ajoutée celle de
3.571.83, valeurs d'objets entrés la même

année	92.045	54
	3.571	83
Total à la fin de 1812 . .	95.617	37

En 1813, pas de changement.

Suit le détail du mobilier en 41 folio et une note administrative signée par le conservateur du mobilier Le Fuel, l'administrateur du mobilier de la couronne Desmazis, et l'intendant du garde-meuble de la couronne le baron de Ville d'Avray, constatant que 58.694.09 de meubles sont rentrés au garde-meuble de la couronne en mai 1814, enregistrés depuis le n° 28.821 jusqu'au n° 28.974. Il en est resté pour 1.911 36 au pavillon de Bagatelle. Les meubles pris ou cassés par les alliés représentent une perte de 35.011 92.

Voici le détail concernant le mobilier du grand salon et le prix de chaque pièce :

« Seize draperies et une écharpe à chacune carré pour relever dans le
« milieu en 15/16. Vert d'eau, doublées en taffetas blanc avec flanelle
« entre les deux étoffes, ornées de frange et lézarde en soie verte et or,
« demi-fin et d'une bordure sur les côtés font vert, broché or
« mi-fin 8.994 04
    « Six parties de rideaux de vitrage en mousseline unie d'un
« lé chaque, bordés d'un galon en coton, hauteur 1^{m}90. . .   150 »
    « Quatre tête à tête en bois doré, garnis et couverts en
« tapisserie de Bauvais, dessin de fleurs . . . .   2.000 »
    « Huit fauteuils bois idem, garnis et couverts idem . . .   2.000 »
    « Un Ecrin bois idem, couvert idem, hauteur 1^{m}80. . . .   500 »
    « Un cordon et gland de lustre en soie cramoisie. . . .   55 »
    « Un tapis de pied de forme octogone, fond vert avec lignes
« et médaillon de milieu . . . .   700 »
    « Une table de bouillote en bois d'acajou, pieds à gaîne, dia-
« mètre 1^{m}10 . . . .   168 »
    « Une table à quadrille en bois d'acajou, pieds idem, carré
86 centimètres . . . .   144 »
    « Une table à piquet en bois d'acajou, pieds idem, longueur
« 1^{m}16 . . . .   100 »
    « Un guéridon ou table à thé en bois d'acajou, pieds à colonne,
« ornée de bronze doré et dessus de marbre blanc creux . .   450 »
    « Un lustre à 18 lumières, orné d'aigles dorés garni en cristal
« du Mont-Cenis et de Bohème . . . .   3.800 »
    « Huit bras de cheminée en bronze doré à deux lumières et à
« feuilles de rosier avec roses. . . . .   1.600 »
    « Deux candélabres à six lumières et à lignes le tout doré, haut^r
« 91 cent. . . . .   1.300 »
    « Deux girandoles à 4 lumières, dorés, haut 56 cent.. . .   190 »
    « Un bougeoir en cuivre doré . . . .   28 »
    « Une pendule en marbre girotte d'Italie, garnie de bronze
« doré, avec griffe aussi dorée, mouvement de Bailly, hauteur
« 59 cent. . . . .   760 »
    « Un feu à recouvrement à 4 grosses pommes en cuivre doré
« avec pelle et pincettes à boutons dorés . . . .   90 »
    « Un garde-feu en fer blanc à six feuilles . . . .   18 »
    « Un soufflet en bois peint . . . .   4 »
    « Un balai d'âtre en bois peint . . . .   2 »

23.103 04

Le parc fut à ce moment réparé de façon à effacer les traces du passage des Alliés. Le duc de Berry fit relever certaines fabriques par trop délabrées et édifia notamment le belvédère à la place de la tour des Paladins, dans un genre gothique inspiré par le romantique qui allait être à la mode.

Un labyrinthe sur le tertre et un ermitage en ruine compléta agréablement le décor.

L'administration du roi continua les travaux de l'ancien bureau des bâtiments.

« 28 octobre 1815. — Le comte de la Ferronnays, premier gentilhomme de « la chambre de S. A. R. le duc de Berry fait observer à M. le baron de « Ville-d'Avray, intendant du garde-meuble de la couronne que l'ameuble- « ment de Bagatelle n'a pas été terminé et énumère ce qui manque.

Voici la note fournie par M. A. de Parceval pour servir à la réponse qui sera faite.

« *Rapport sur le mobilier de Bagatelle :*

« Il a été fourni à M. le duc de Berry pour Bagatelle fin 1814 et les pre- « miers mois de 1815, un mobilier s'élevant à 97 298.26 dont 50 118.71 en « achats nouveaux.

« Une lettre du ministre du 30 janvier annonce à M. l'intendant que le « mobilier de Bagatelle doit être rayé des inventaires de l'intendance et « peut être considéré comme don de Sa Majesté. Or, les dons du Roi s'étant « bornés à la partie du mobilier énoncée ci-dessus : la demande de M. de la « Ferronnays ne peut être admissible qu'autant que le ministre transmet- « trait de nouvelles décisions à M. l'Intendant.

Le 4 mars 1815, le garde-meuble de la couronne demande au s^r Braissy, concierge du château de Bagatelle de remettre aux agents deux tentes qui furent empruntées pour une fête donnée en août 1814 par le duc de Berry.

Même dossier, nous trouvons une lettre du 28 janvier 1815, du comte de la Ferronnays au baron de Ville-d'Avray, le priant de vouloir bien faire délivrer au tapissier les décors et embellissements pour une fête qui doit être donnée à Bagatelle le 2 février 1815. (Archives nationales O².560).

Bouilly, qui fut chargé par la duchesse de Berry, de raconter des histoires aux Enfants de France (1), et d'écrire pour eux des livres « ad usum del- phinis », à l'instar de Fénelon, leur narrait pour leur édification ce que

---

1. Le duc de Bordeaux et sa sœur Mademoiselle, qui fut, plus tard, duchesse régnante de Parme.

l'on disait d'eux dans le monde : « Cet autre, rapportera que Mademoi-
« selle, un jour, dans les jardins de Bagatelle étancha elle-même avec
« son mouchoir le sang coulant de la blessure que venait de se faire un
« pauvre ouvrier. Celui-ci racontera qu'ayant rencontré sur la terrasse
« de St-Cloud, trois sœurs de charité, dont les prières et les soins venaient
« de sauver plusieurs enfants du village, vous voulûtes recevoir leur bé-
nédiction... »

« C'est pourtant vrai tout cela. Comment avez-vous pu savoir ? — Je vous
« le répète, Mademoiselle, une princesse existe sous verre. »

— « Et que pensez-vous qu'on pourra dire de moi ? ajoute le jeune prince.
— « De vous, Monseigneur ; que vous réunissez déjà la franchise et la
« loyauté d'un brave ; qu'un matin on vous aperçut au corps de garde de
« Bagatelle, mangeant la soupe avec les grenadiers du poste ; qu'une autre
« fois, rencontrant dans l'allée du parc un vieux sapeur endormi, sur la tête
« chauve duquel dardaient les rayons d'un soleil brûlant, vous lui remîtes
« doucement et sans le réveiller son gros bonnet qu'il avait laissé près de
« lui... Qu'on vous surprit un jour de Saint-Henri faisant monter sur votre
« dos, Mademoiselle, afin qu'elle pût couronner le buste d'Henri IV ; qu'en-
« fin vous inspirez à toutes les personnes qui vous approchent un sen-
« timent vrai, profond, inaltérable, qui vous fait des amis parmi les petits,
« comme parmi les grands. — Vous me faites grand plaisir de me dire
« cela, réplique vivement le royal enfant, je veux être aimé du peuple,
« moi, je veux être un Henri IV. »

XII

L A Révolution de 1830 fit passer le Bois de Boulogne et Bagatelle du domaine de l'Etat dans la liste civile du nouveau roi. Comme les petits-fils du duc d'Artois, les enfants d'Orléans allèrent souvent jouer dans le parc de Bagatelle.

En 1832, ce domaine fut aliéné par la liste civile du roi Louis-Philippe ; il fut acquis par le richissime lord Heresford qui avait un bel hôtel rue Laffite. La maison fut restaurée et le parc bien entretenu. Le nouveau propriétaire donnait facilement la permission de visiter l'enclos célèbre qui fit de nouveaux emprunts au bois de Boulogne de façon à mesurer vingt-quatre hectares environ.

Sir Richard Wallace succéda au marquis d'Heresford et continua ses traditions généreuses. C'est lui qui fit établir dans le bois et dans la ville ces fontaines qui portent son nom.

En 1904, la ville de Paris, qui, depuis le 2 juin 1852, avait été mise en possession du Bois de Boulogne, achcta Bagatelle, l'enclava de ce même Bois.

Le Conseil municipal a résolu de faire organiser des expositions d'art rétrospectif dans le bâtiment nouveau, où déjà ont eu lieu diverses manifestations intéressantes, notamment l'exposition des portraits du xviiie siècle. Le pavillon pourrait contenir une intéressante reconstitution du mobilier de cette époque.

En 1906, M. Quentin-Bauchart, conseiller municipal, en son nom et au nom de plusieurs de ses collègues, a présenté un projet tendant à l'établissement dans le domaine municipal de Bagatelle, d'un parc botanique et d'une station de botanique et de culture. Le conseil avait déjà voté les conclusions suivantes :

« Tout en conservant d'une manière générale les dispositions actuelles « du parc, son aspect élégant, soigné et paré, il serait possible de créer dans

« les 24 hectares de ce domaine, un jardin de collection non pas botanique
« et purement scientifique, mais de collection horticole d'arbres, d'arbustes
« et de végétaux d'ornement groupés avec méthode. »

Nous n'avons encore nulle part en France, de jardin de cette nature, et
sans vouloir copier l'établissement anglais de Kew, on pourrait s'en
inspirer pour réaliser cette tentative intéressante.

Le rapport de M. Quentin-Bauchart concluait ainsi :

1º Au vote du principe de l'établissement à Bagatelle d'un parc botanique, d'une station d'étude de botanique et de culture.

2º A l'organisation de cultures botaniques appliquées à l'art, ainsi qu'à
celle d'un musée et d'exposition des arts de la plante dans l'un des pavillons du parc.

3º Pour l'étude préalable des voies et moyens de réalisation à l'envoi
d'une nouvelle délégation du Conseil aux Jardins de Kew, près de Londres, proposés comme le type dont il y a lieu selon nous, de s'inspirer,
mais sans se borner cependant à une copie servile.

4º Enfin à la désignation d'une commission spéciale, composée des
3e et 4e commissions, qui aurait à s'occuper de tous les détails d'organisation de la création projetée à Bagatelle.

« ... Il appartient à la municipalité de doter notre pays d'un établissement
« dont la nécessité s'impose pour les progrès de la science et surtout de la
« richesse publique.

« ... Nons entrevoyons dans un des pavillons de Bagatelle, un musée des
« arts de la plante, où se trouveraient groupées des œuvres, types de ces
« arts, aux diverses époques et chez les divers peuples, depuis les portraits
« de fleurs de l'école hollandaise, traités en joyaux par un Van Huysen
« jusqu'aux robustes décorations florales d'un Baptiste Monnoyer et aux
« fontaines végétales des écoles japonaises.

« ... Nous entendons naturellement par arts de la plante, non pas la seule
« peinture, mais les arts du bijou, de la botanique, des étoffes pour tout ce
« qu'ils empruntent à la vie végétale, et aussi l'art de la fleur naturelle,
« sous toutes ses manifestations.

« .. Ce pavillon deviendrait une sorte de palais de la plante dans l'art.

« ... L'art du paysage pourrait trouver lui aussi des éléments utiles à Baga-
« telle puisqu'il emprunte ses éléments essentiels à la nature physique et
« végétale et que les groupements végétaux réalisés dans le parc, dans les

« serres même, seraient la reproduction des groupements végétaux réalisés
« par la nature dans les divers milieux.

« ... Bagatelle exigeant son budget propre d'entretien, il n'en coûtera
« rien de plus à la ville d'en faire un parc botanique, offrant pour toutes
« les classes de la société parisienne un intérêt de premier ordre. »

Le rapport parlait aussi de faire appel à l'initiative privée en vue d'expositions horticoles constamment renouvelées.

« ... Nombre de massifs, de parterres, pourraient être confiés, sans frais
« pour la ville, à des maisons horticoles. Pour toutes les collections de
« plantes vivaces, sarmenteuses, grimpantes, buissonnantes, clématites,
« chèvrefeuilles, rosiers, etc., le même principe pourrait être appliqué
« pour la constitution et l'entretien des collections, le concours certain de
« spécialistes ménageant à la fois les deniers de la ville et assurant la per-
« fection des façons culturales...

« ... L'orangerie sera affectée à la culture, non pas des végétaux de serre
« froide, communs partout, mais à celle des végétaux rares, à intérêt
« esthétique ou économique... »

Le conseil municipal et le public ne peuvent que s'associer aux vœux
et conclusions de ce rapport.

Des essais ont été déjà faits et de nombreuses plantes sont ainsi exposées par l'initiative de divers spécialistes. Voici la reproduction d'un
article récemment paru à ce sujet.

« A la Roseraie de Bagatelle. — Les rosiéristes qui doivent, entre les roses
« nouvelles envoyées à Bagatelle par les plus fameux producteurs de tous
« les pays, choisir les plus belles, ont profité de l'éclaircie d'hier matin pour
« procéder au classement, sous la direction de MM. Gravereaux et Fores-
« tier, en attendant le verdict officiel et définitif du Jury qui doit être
« nommé par le Conseil municipal et le préfet.

« Les trois roses qui ont paru dignes de la première place sont : Mar-
« quise de Sinety, pleine, légère et de couleur paille ; Mme Maurice de Luze,
« rose clair ; Mlle Simone Beaumez, d'un jaune pâli. Elles sont du même
« producteur et lui valent la place d'honneur.

« C'est une rose anglaise qui, ensuite, a paru la meilleure, Mrs Peter Blair,
« tige solide et bouton hardiment jaune ; puis Celia, née aussi en Angleterre ;
« Triumph, venue d'Amérique ; Mme Sarah-Bernhardt, admirable et large
« rose rouge au cœur jaune, semblable à quelque splendide fleur d'églan-
« tier ; Mme Constant Soupert, rose du Luxembourg ; Frau Philipp Gedul-
« dig, créée en Allemagne ; et enfin François Juranville, rosier obtenu à
« Orléans de cette nouvelle race des wichuriana au feuillage foncé et

« luisant ; la fleur est petite, rose très légèrement teintée de jaune. Il aura
« sans doute les qualités de sa race, la rusticité et une vigueur de croissance
« extraordinaire. »

« Ces roses fleurissent au centre de la roseraie, au milieu de leurs
« sœurs plus âgées, parmi lesquelles elles prendront rang cet automne. »

(Journal, 3 Juillet 1907.)

Le projet est donc en bonne voie de réalisation et il faut avouer qu'il
concorde admirablement avec le cadre choisi.

La tradition, depuis le comte d'Artois, est, à Bagatelle, d'acclimater en
France la délicieuse simplicité des parcs anglais qui demandent à la nature
leurs plus beaux effets. Il est logique de continuer l'œuvre en constituant
un jardin botanique, à l'instar de ceux de Kew, des musées et des expositions qui arrivent à élever le sens esthétique de nos jardiniers à la hauteur
de leurs rivaux d'Outre-Manche.

Le pavillon dûment aménagé, restauré et meublé, suffirait pour perpétuer les souvenirs historiques d'une époque, sinon sans reproches, du moins
élégante et gracieuse.

Ce qui a été accompli jusqu'ici fait bien augurer de l'avenir de Bagatelle.

La « Folie d'Artois » est en train de devenir un moderne Jardin des
Fleurs.

NOTICE HISTORIQUE

ET DESCRIPTIVE

SUR

La Roseraie de Bagatelle

ÉTUDE HISTORIQUE ET DESCRIPTIVE

LA ROSERAIE DE BAGATELLE

I

L'HISTOIRE DE LA ROSERAIE DE BAGATELLE

I L faut rechercher les origines premières de la création d'une roseraie à Bagatelle dans les différents projets qui, de 1880-1883 à 1894, furent soumis au Conseil municipal de Paris en vue de fonder un institut de botanique et de culture. Ce fut M. de Lanessan qui le premier ouvrit le feu de la discussion, en séance du 17 mars 1880, bientôt suivi par d'autres de ses collègues, notamment M. Marsoulan qui reprit sa proposition en 1883. Le Conseil ratifia les vues du rapporteur d'alors (M. Cernesson) et invita le Préfet à passer à la mise en pratique.

C'est de cette époque que datent des rapports de délégations envoyées à Londres aux fins d'y étudier l'organisation du jardin botanique de Kew, réputé universellement ; des savants furent commis à donner leur opinion sur les projets en cause, en particulier MM. Baillon et Heim. Malgré toute la diligence apportée par ces derniers, malgré les votes favorables du Conseil municipal, il se passa un temps très long jusqu'au jour de la réalisation et de la mise en pratique desdits projets.

Ce n'est guère qu'en décembre 1905 (le 30) que nous voyons le Conseil s'occuper à nouveau d'une façon catégorique de la question et voter les conclusions suivantes en ce qui concerne l'affectation du domaine de Bagatelle.

« Tout en conservant d'une manière générale, les dispositions actuelles du parc, son aspect élégant, soigné et paré, il serait possible de créer dans les 24 hectares de ce domaine, un jardin de collections non pas botaniques et purement scientifiques, mais des collections horticoles d'arbres, d'arbustes et de végétaux d'ornements groupés avec méthode. »

«... Le développement, et on peut dire la prépondérance de l'industrie agricole de la région de Paris qui doit lutter maintenant contre d'importants rivaux d'Angleterre, d'Amérique, de Belgique, de Hollande et d'Allemagne, justifierait un effort de cette nature et nous avons tout lieu de croire que la plupart des horticulteurs nous prêteraient volontiers leur concours. Ces expositions permanentes et instructives de fleurs et de plantes donneraient à ces horticulteurs le moyen de mettre en lumière leurs plus récentes productions, tout en permettant aux amateurs, toujours plus nombreux, d'y trouver charme et profit. »

« Ainsi disposé, le parc de Bagatelle serait ouvert au public dans les mêmes conditions que les squares de Paris, et le même règlement y serait applicable. »

Ces conclusions, votées après rapport de M. Jousselin, furent un premier pas dans la voie des réalisations. C'est à l'honorable M. Quentin-Bauchart que l'on doit d'avoir abouti définitivement.

Il déposa en effet, peu après, un projet qui était en quelque sorte le corollaire de la proposition du 30 décembre 1905, et il eut la satisfaction de le voir voté d'enthousiasme par ses collègues.

Dans son projet, en date du 17 mars 1906, M. Quentin-Bauchart rappelle succinctement l'historique de la question, puis il passe en revue les diverses faces de sa proposition. Il étudie tour à tour la création d'un parc botanique, d'une station de botanique et de culture, d'un musée et d'une exposition des arts de la plante. Il ne manque pas de faire un vibrant appel à l'initiative privée en vue d'expositions horticoles constamment renouvelées. Voici en quels heureux termes il s'exprime à ce sujet :

« Ces expositions successives organisées aux frais des exposants qui s'imposeraient volontiers des sacrifices dans ce but, grouperaient soit un seul genre de plantes..., soit des plantes diverses...

Pour toutes les collections de plantes vivaces, sarmenteuses, grimpan-

tes, buissonnantes : clématites, chèvrefeuilles, *rosiers*, etc., le même principe pourrait être appliqué pour la constitution et l'entretien des collections, le concours certain de spécialistes ménageant à la fois les deniers de
la ville et assurant la perfection des façons culturales. »

L'appel que le rapporteur du projet faisait ainsi à l'opinion publique ne
devait pas rester sans réponse. En premier lieu le conseil chargea
M. Forestier, le distingué conservateur du secteur ouest des promenades
de Paris, de demander aux rosiéristes de France de contribuer d'une façon
efficace à la création d'un Rosarium à Bagatelle. M. Gravereaux, dont nul
n'ignore les connaissances étendues dans ce domaine de l'horticulture,
ayant également été pressenti pour son assistance, ne se contenta par
d'une vague contribution, mais généreusement offrit, en les termes les
plus heureux, une roseraie complète et d'une richesse sans conteste.

« Cela m'est facile, — écrivait-il le 12 janvier 1906 au conservateur, —
puisque je possède à l'Haÿ une roseraie dans laquelle j'ai rassemblé toutes les variétés de roses qui existent dans le monde entier, lesquelles ont
été identifiées avec le concours des botanistes et horticulteurs compétents.
Toutefois, je conçois qu'un rosarium public doit présenter un intérêt général incontestable. Tout ce qu'on y verra devra intéresser tout le monde,
depuis le plus modeste amateur jusqu'au spécialiste le plus qualifié. Ainsi
par exemple, il n'y aurait pas lieu, à mon avis, de montrer une quantité
de variétés sans intérêt pour le public, parce qu'elles ne sont que des syno-
nymes, des doubles emplois ou des formes transitoires de variétés mieux
caractérisées, comme cela existe à l'Haÿ. Je croirais plus intéressant d'opé-
rer une sélection dans mes roses et de ne constituer la roseraie de Bagatelle qu'avec un choix des variétés les plus belles et les plus méritantes. »

On ne pouvait que s'incliner devant un geste aussi large, et c'est ce que
firent les diverses personnes que leur situation mettait en rapport, à ce
sujet, avec M. Gravereaux.

Le cadeau de ce dernier, officiellement offert à la ville en date du 17 janvier 1906, par une lettre adressée au Préfet de la Seine, fut encore plus
considérable qu'on se l'imaginait. La sélection faite dans les 6.000 variétés
de roses de l'Haÿ ne comprit pas moins de 1.500 espèces et variétés, essen-
tiellement différentes les unes des autres, toutes d'une rayonnante beauté.

· M. Gravereaux ne s'illusionnait pas lorsque, dans sa lettre au préfet, il
espérait ainsi contribuer à créer en France une roseraie publique, digne de
celles d'Angleterre et d'Allemagne. L'opinion publique ne tarda pas, par

la voie de la presse et aussi par la faveur avec laquelle elle n'a cessé d'accueillir la création des expositions à Bagatelle, de témoigner de sa gratitude vis-à-vis du généreux donateur. La ville de Paris, de son côté, accepta avec une vive reconnaissance le présent de M. Graveraux, comme le témoigne la lettre ci-dessous, signée du Préfet de la Seine :

« J'ai l'honneur d'accepter au nom de la ville de Paris le don gracieux que vous voulez bien lui faire et qui permettra aux Parisiens et aux visiteurs de France et de l'étranger, ainsi qu'à tous ceux qui s'intéressent aux fleurs, de connaître les si belles collections que vous avez réunies.

« Je suis heureux, ajoutait le préfet, que Bagatelle puisse, en cette occasion, servir à rendre vos longs travaux utiles à tous, et particulièrement à Paris, en mettant sous les yeux du public les résultats de l'œuvre, très complète, que vous avez su mener à bien à l'Haÿ : »

II

COUP D'ŒIL D'ENSEMBLE

APRÈS les démarches que nous venons de mentionner, l'organisation de la Roseraie de Bagatelle marche à pas de géants, grâce surtout à l'obligeance et à l'activité de MM. Gravereaux et Forestier qui avaient pris à tâche l'installation du don.

La Roseraie est située en face de l'Orangerie ; si l'on y arrive, venant de cette dernière, on a, à sa droite, une vue splendide sur Suresnes, le Mont-Valérien, en un mot, sur la riante vallée de la Seine ; à sa gauche, un terrain boisé, frais et ombré, légèrement en pente. La partie du fond est ornée par des rosiers de grande taille, sarmenteux, dont quelques-uns sont disposés en treille. Le tout est du meilleur goût et fort plaisant à l'œil. Le centre de la Roseraie est agrémenté d'un groupe représentant un cerf attaqué par des loups; cette œuvre du statuaire Dagonnet, paraissant un peu lourde pour le milieu tout spécial dans lequel elle est placée, il est plus que probable qu'elle cèdera prochainement la place à une statue plus pimpante, plus XVIIIe siècle. Aux alentours directs de la Roseraie, sur les pelouses y attenant, on a fait croître en un joli désordre « effet de l'art », des buissons de rosiers recueillis à l'état sauvage, représentant les espèces botaniques (au nombre de 170) du genre *Rosa*.

En son ensemble, la Roseraie a l'aspect d'un jardin aux lignes nettement tracées, sans aucune recherche d'effets de reliefs. Tout est bien ordonné, d'une régularité quelquefois trop minutieuse, mais qui n'a rien que d'agréable. La forme de la Roseraie se rapproche, surtout en ses parties extérieures, de celle d'un rectangle. Elle est divisée en long et en large par des allées aux bordures très droites. La disposition desdites allées occa-

sionne par le fait un grand nombre de plates-bandes presque rectangulai-
res, aux angles nettement prononcés. Les grandes lignes du milieu sont
bordées de piliers en fer de 4 m. de hauteur, recouverts par des rosiers
sarmenteux ; le temps accomplissant son œuvre, bientôt les roses sarmenteuses auront complètement eu raison de leur tuteurs.

Le rectangle situé dans la partie médiane de la Roseraie est plus spécia-
lement réservé aux roses nouvelles, parmi lesquelles nous citerons des
Bengales, des Hybrides de Thés, des Thés. Voisinent non loin de celles-ci,
situées à la place d'honneur, à droite et à gauche, les Général Jacquemi-
not, les Victor Verdier, les Safrano Thés, les Pré Catelan, les Victor Hugo,
les Géant des Batailles, les Ulrich Brunner, etc., etc.

Outre la disposition parfaitement gracieuse qui a régi l'installation de
la Roseraie, il y a encore lieu de pleinement admirer le parti très grand
et parfaitement joli que l'on a su tirer de la « reine des fleurs » au point de
vue purement décoratif. On éprouve une impression de toute beauté à
contempler, par exemple, les effets admirables que l'on a tirés des roses
comme encadrements des grands rectangles ; mais ce que surtout admire
notre regard charmé, c'est la treille du fond, dont les luxuriantes guirlandes forment un spectacle grandiose et féerique.

III

COMMENT LES ROSIERS SONT DISPOSÉS

L A Roseraie de Bagatelle a été, comme nous l'avons dit, constituée avec les plus belles et les plus intéressantes espèces et variétés, prises dans la collection de L'Haÿ. En 1906, à l'époque où ce choix a été commencé, le nombre des rosiers sauvages était de 800, celui des variétés horticoles de 6000. On peut être assuré que la collection de Bagatelle, après examen attentif des rosiéristes et des rhodologues les plus distingués, possède une véritable et parfaite sélection du genre rosier. Il y en a de toutes les parties du monde. Leur classement a été fait de la façon la plus scrupuleuse et la plus complète ; on distingue, par rang d'importance, des *sections*, des *espèces*, des *races* et des *groupes*.

La *Section* est un groupement d'espèces reliées entre elles par un caractère ou un ensemble de caractères particuliers. Ex. : Section des Synstilae, des Indicae, des Gallicæ.

L'*Espèce* est un type distinct, d'origine inconnue, trouvé à l'état sauvage. Ex. : Rosa multiflora, Rosa sempervirens, etc. de la section des Syntilae ; Rosa indica, Rosa semperflorens de la section des Indicae, etc.

La *Race* est un ensemble de variétés nées de l'espèce, ayant des caractères communs, sans cependant qu'ils se reproduisent exactement par le semis. Ex. : Race des *Thés ;* race des *Hybrides de Thés* dans l'espèce Rosa indica ; Race des *Cent-Feuilles moussus*, race des *Hybrides remontants* dans l'espèce Rosa gallica.

Le *Groupe* est pris dans la race. Il est formé de variétés semblant descendre du même Rosier-mère ou père. Ex. : Groupe *Safrano* de la Race des Thés ; groupe *Louise-Odier* de la Race de l'Ile-de-Bourbon ; groupe *Victor-Verdier* de la Race des Hybrides remontants, etc.

Ce classement, aux données scientifiques, a permis de ranger avec ordre plus de 10.000 pieds. Les amateurs de roses peuvent donc, en visitant la Roseraie de Bagatelle, fixer leur choix d'une façon précise, en se basant sur les qualités de chacune des roses y mentionnées. Ils pourront également faire entrer en considération soit leurs goûts personnels, soit le genre d'utilisation qu'ils recherchent.

Chaque variété porte en effet sur une fiche, outre son nom, son numéro de groupement horticole et son numéro d'ordre dans les plantations, 1° le nom de son obtenteur et l'année de son obtention; 2° une indication sur l'origine de la variété. Ainsi pour une rose qu'on sait être sortie par la voie du semis d'une autre rose, le nom de celle-ci est indiqué comme rose-mère. Si en outre on sait quelle est la variété qui a influencé par son pollen la variété-mère, on l'indique comme père. Ex. : *Belle Siebrecht* provient de *La France* × *Lady Fitzwilliam*, (le signe × — multiplié par — indiquant l'hybridation qui a eu lieu, soit par la main de l'obtenteur, soit naturellement.)

On comprend aisément les déductions très profitables que l'on peut tirer de pareilles indications. Elles prouvent qu'on ne doit pas voir uniquement en la Roseraie de Bagatelle un Jardin de Fleurs, mais aussi une institution appelée à rendre les plus grands services à l'horticulture.

Ainsi présentée, pour ainsi dire, en un Jardin-Ecole, unique au monde, la Roseraie de Bagatelle met la « Reine des fleurs » à la portée de tous.

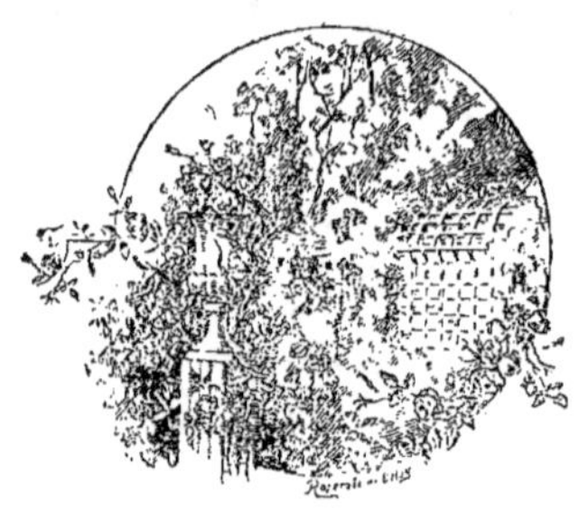

IV

L'ORGANISATION DES CONCOURS DE ROSES NOUVELLES

L A Roseraie de Bagatelle est mieux encore qu'une simple, mais superbe exposition de roses ; elle est encore un facteur essentiel d'émulation et de recherches de la beauté. Par les concours de variétés nouvelles, cette intéressante institution a augmenté dans une notable proportion les sentiments de vive sympathie et de profonde estime que nourissent à son égard tous ses visiteurs et admirateurs. MM. Gravereaux et Forestier qui furent les organisateurs de ces originaux concours — dont le premier date de 1906 — ont su ainsi éveiller un élément nouveau de curiosité et de vif intérêt auprès du public en général et des horticulteurs en particulier.

Le but des organisateurs de ces concours consiste à présenter au public, d'année en année, les roses nouvelles dues à l'ingéniosité des rosiéristes de France et de l'étranger. La place d'honneur est d'ailleurs réservée à ces expositions dans les plates-bandes transversales du milieu de la Roseraie. Pour que ces concours fussent d'une valeur incontestable il fallait y intéresser les pouvoirs publics. Ceux-ci, comprenant le mérite de pareilles expositions, ne se firent pas tirer l'oreille et, dès le 5 juillet 1907, le Conseil municipal de Paris accepta de participer à l'organisation « d'un concours annuel entre les roses nouvelles, exposées à Bagatelle » et créa une médaille d'or « à décerner aux rosiéristes qui auraient exposé la rose

7

déclarée la plus belle par le Jury. » En date du 6 août suivant, un arrêté préfectoral sanctionnait la décision du Conseil. Toutefois le concours de 1907 ne put bénéficier de cette mesure, qui ne devait avoir force de loi qu'à partir de 1908. Le jury de ce concours, nommé chaque année par le Conseil, comprend de droit : les présidents des 3º et 4º commissions municipales ; des conseillers municipaux ; des fonctionnaires (le Conservateur du secteur Ouest des promenades de Paris et le Jardinier en chef de la ville) ; des rosiéristes et amateurs de roses de nationalité française ou étrangère. Le jury après avoir élu son bureau, chargea M. Forestier de présenter à l'approbation du jury pour l'année 1909 un projet de règlement détaillé du concours. Le jury fut gratifié, outre la médaille d'or de la ville, d'autres récompenses en vermeil et argent provenant du ministère de l'Agriculture, de la Société nationale d'horticulture et de sa Section spéciale des roses, de la Société des rosiéristes français, etc.

Il ne restait plus qu'à se mettre à l'œuvre. M. Gravereaux, infatigable, porta la chose à la connaissance des intéressés par voie de circulaires, ainsi conçues :

« Monsieur. Nous préparons pour la Roseraie publique de la ville de Paris, située à Bagatelle, le ..... concours international de *toutes les roses nouvelles de l'année présente*.....

« ..... Nous venons vous demander s'il vous serait agréable d'y voir figurer les nouveautés de roses dont vous êtes l'obtenteur, et que vous mettez au commerce *cette année*.

« Dans ce cas, vous voudrez bien nous en aviser.... afin de pouvoir préparer les étiquettes en porcelaine qui devront porter : 1º le nom de la variété. 2º le nom de la race. 3º le nom des variétés ou de la variété dont elle est issue. 4º le nom de l'obtenteur et le pays d'origine. Etc.

« Signé : J. GRAVEREAUX. »

Dès la première année, le concours institué à la Roseraie fut des plus courus ; le nombre des exposants ne fut pas inférieur à 58, à savoir 27 exposants français et 31 étrangers. Les envois s'élevèrent au chiffre respectable de 148. Ce fut à un exposant français M. Pernet-Ducher qu'échut la gloire de conquérir la première place par sa création d'une Hybride d'été *La Marquise de Sinéty*, d'un ocre presque jaune d'or. Le même exposant eut d'ailleurs une récolte d'autres récompenses, décernées à trois autres nouveautés : 1º *Madame Maurice de Luze*, une hybride de Thé, provenant du croisement des rosiers *Madame Abel Chatenay* et *Eugène Furst* :

2° *Renée Wilmart Urban* également hybride de Thé et 3° *Mademoiselle Simone Beaumetz*, d'un coloris blanc, parfois teinté de jaune-safran.

M. Dubreuil, obtenteur de la rose *Sarah Bernhardt*, obtint le 2ᵉ prix ; viennent ensuite parmi les rosiéristes français : MM. Bonnaire avec *Madame Edmond Sablayrolles* ; P. Guillot avec une hybride de Thé répondant au nom de *Miss Milly Cream* ; Bégault-Pigné avec une rose de Chine : *Louise Pigné* ; Barbier avec une hybride de *Wichuraiana*, la rose *François Juranville*. Enfin M. Bernaix dont les roses *Lady Wenlock* et *Madame Alfred Sabatier* furent des plus remarquées.

Parmi les exposants étrangers les suffrages du Jury allèrent à M. Dickson (Irlandais) pour *Mrs Peter Blair* ; William Paul (Anglais) pour *Celia* ; E.-G. Hill (Américain) pour sa rose *Triumph* ; Soupert et Notting (Luxembourgeois) pour leur *Madame Constant Soupert* ; l'Allemagne triompha également en les personnes de MM. Lambert pour sa rose *Lucien de Lemos*, et Geduldig pour sa *Frau Philipp Geduldig*. Il y a encore lieu de remarquer, toutefois, que les *Rosati* de M. Gravereaux furent l'objet de l'admiration enthousiaste du Jury et du public pour leurs couleurs, aux tons si rares. Si aucune récompense officielle ne leur fut décernée, c'est parce que M. Gravereaux, par une délicate déférence que l'on comprendra sans peine, n'avait pas jugé à propos d'exposer ses produits, ne voulant pas être à la fois juge et partie.

*
* *

Le concours de 1908 fut tout aussi brillant que son devancier ; 40 rosiéristes y prirent part et leurs envois atteignirent le chiffre de 88 variétés. Parmi les exposants il y en avait 19 de nationalité française et 21 de nationalité étrangère : (Allemagne 5, Amérique 3, Angleterre 4, Autriche 2, Luxembourg 2, Brésil, Hollande, Irlande, Italie, Portugal, chacun 1.

Le Jury était composé de MM. *Chérioux*, président de la 3ᵉ commission ; *Rebeillard*, président de la 4ᵉ commission ; *Quentin-Bauchard, Escudier, Gay*, conseillers municipaux ; *Forestier*, conservateur ; *Luquet*, jardinier en chef de la Ville ; *Bois*, Abel *Châtenay*, P. *Cochet, Gravereaux* René, L. *Lévêque, Pernet-Ducher* et M. de *Vilmorin*, rosiéristes et amateurs français ; *Hill, Lambert, Paul* William et *Soupert*, rosiéristes étrangers.

L'exposition obtint le plus vif et chaleureux succès ; le public se montra empressé à se rendre à la Roseraie, qui devient de jour en jour un but de promenade des plus charmants et des plus à la mode. Le jury termina ses opérations en date du 1er octobre 1908. Nous en donnons les résultats certains que nos lecteurs apprécieront des travaux d'un tel genre.

Remarquons en première ligne le désistement de M. Pernet-Ducher, qui, faisant partie du jury, déclara renoncer à toute récompense. On ne saurait qu'applaudir à cet acte de haute courtoisie, tout en regrettant qu'il ait valu à nos couleurs une glorieuse défaite. En effet le Grand Prix de Bagatelle (médaille d'or offerte par la Ville de Paris), échut alors à l'unanimité des votants à M. E.-G. Hill pour sa rose *Rhea Reid*.

Le deuxième prix revient après ballottage à M. Dikson pour sa rose *Dorothy Page Roberts*. Ce prix, la médaille offerte par le ministre de l'Agriculture, lui avait chaudement été disputé par MM. Soupert et Notting, obtenteurs de la rose *Madame Segond-Weber*, et auxquels est attribué le 3e prix (médaille offerte par la Société nationale d'horticulture de France).

Les 4e et 5e prix sont ensuite décernés, par ordre de mérite, à MM. W. Paul, pour la rose *Mrs Duddley Cross* ; Lambert pour la rose *Fraù Oberhofgartner Singer*, et le 6e prix échoit à la rose *Alice Roussel*.

Avant de procéder à la distribution des prix, le Jury avait à l'unanimité décidé qu'un « diplôme d'honneur serait remis à M. Pernet-Ducher pour son exposition de plantes hors concours, les roses présentées par M. Pernet-Ducher étant toutes classées en première ligne. »

V

L'AVENIR DE LA ROSERAIE

Nous voilà arrivé au terme de notre étude. Nous croyons avoir donné une idée exacte — autant qu'il est en notre pouvoir — de la radieuse beauté que revêt la féerique demeure de la Reine de nos fleurs. La Roseraie de Bagatelle, née comme d'un coup de baguette magique, est digne à tous égards de la glorieuse Roseraie dont elle est, en somme, la filiale : nous avons nommé la Roseraie de l'Haÿ.

Il n'entre pas dans notre pensée de nous attarder à chanter la splendeur de cette somptueuse demeure ; nous n'avons hélas ! pas le temps de célébrer la beauté de son parc, les floraisons et les guirlandes des roses multicolores qui se jouent des statues de faunes, de lares, de naïades et les entourent de leur prenante et gracieuse étreinte. Mais nous ne saurions évoquer ce temple, ce sanctuaire de la Rose, sans nous rappeler en foule les témoignages de vif enthousiasme que l'Haÿ inspira à ses nombreux visiteurs.

« On vient ici pour faire une cure de beauté » disait une grande dame anglaise qui visitait la roseraie en même temps que le ministre de l'Agriculture, M. Ruau, le 13 juin 1908. « C'est ici la demeure du Dieu des Roses », paraphrasait Victor Tissot l'auteur célèbre du *Voyage au pays des milliards.* « *L'Haÿ rosarum Eden ! Gravereaux, rosarum Rex !* écrivait Edouard André, l'explorateur de l'Amérique du Sud.

«Calchas disait: «trop de fleurs» ; il n'avait pas vu la Roseraie de L'Haÿ » s'écrie Marcel Boulanger. « Le propriétaire de cette demeure, écrit à son tour André Theuriet, est un sage. « Et l'élégant et sincère écrivain se réjouit: « qu'en dépit des rhéteurs il y eût encore des retraites pacifiques où d'honnêtes gens demeurent épris des beautés naturelles et se trouvent heureux en faisant croître et fleurir des roses. »

La roseraie de Bagatelle, nous l'avons dit, peut soutenir la comparaison avec son aînée sans qu'elle ait à en rougir. De jour en jour, son importance s'accroît dans de notables proportions, et il est aisé de prévoir un avenir peu éloigné où elle deviendra le point de mire de tous ceux qu'intéressent les beaux-arts, les sciences naturelles et le plus ravissant coup d'œil.

Nous avons vu d'autre part (page 76) jusqu'à quel point M. Quentin-Bauchard avait confiance en l'avenir. Nous avons cité une page de son rapport dans laquelle il déclare « entrevoir dans un des pavillons de Bagatelle une prochaine installation des arts de la plante », une sorte de musée où tous les arts et les sciences qui touchent à la plante auraient une place réservée. Cette idée d'un Musée des arts de la plante, préconisée en outre par MM. Pierre Roche et le Dr Heim, a trouvé de chaleureux adeptes auprès des créateurs de la roseraie. Le jour n'est peut-être pas lointain où nous pourrons étudier et admirer toute les ressources que l'art, la science et les belles-lettres ont su tirer de la rose.

*
* *

Au moment où paraît ce volume une « Exposition rétrospective de la Rose » est en très bonne voie d'exécution. Le possesseur de la Roseraie de L'Haÿ après de longues et minutieuses recherches sur les origines et l'histoire de la rose depuis les temps les plus reculés, constitue à l'heure actuelle une collection en plantes vivantes qui rappelleront ce que fut la rose à travers les étapes de la civilisation ; à ces plantes seront joints des documents sur leur histoire.

Dans cette espèce d'antichambre de la roseraie, les visiteurs se familiariseront avec l'histoire de leur fleur préférée ; ils pourront ensuite, devant les variétés perfectionnées de notre époque, mesurer toute l'étendue des progrès accomplis.

Le triple but envisagé par le Conseil municipal de Paris 1° embellir Paris, 2° instruire le peuple, 3° accroître la prospérité des industries culturales de la capitale et de sa banlieue, sera alors, en ce qui concerne la Reine des Fleurs, bien près d'être réalisé.

L. DE QUELLERN.

TABLE DES MATIÈRES

Texte historique et anecdotique sur le Château de Bagatelle.
Etude historique et descriptive sur la Roseraie de Bagatelle.

TABLE DES PLANCHES

PL. 1

PL. 2

UNE DES GRILLES DE L'ENTRÉE PRINCIPALE

LOGE DU CONCIERGE

PETITE FENÊTRE, LOGE DU CONCIERGE

PL. 5

DÉCORATION DE LA PORTE, LOGE DU CONCIERGE

PL. 6

PARTERRE DE LA TERRASSE

PL. 7

LA CASCADE

PL. 9

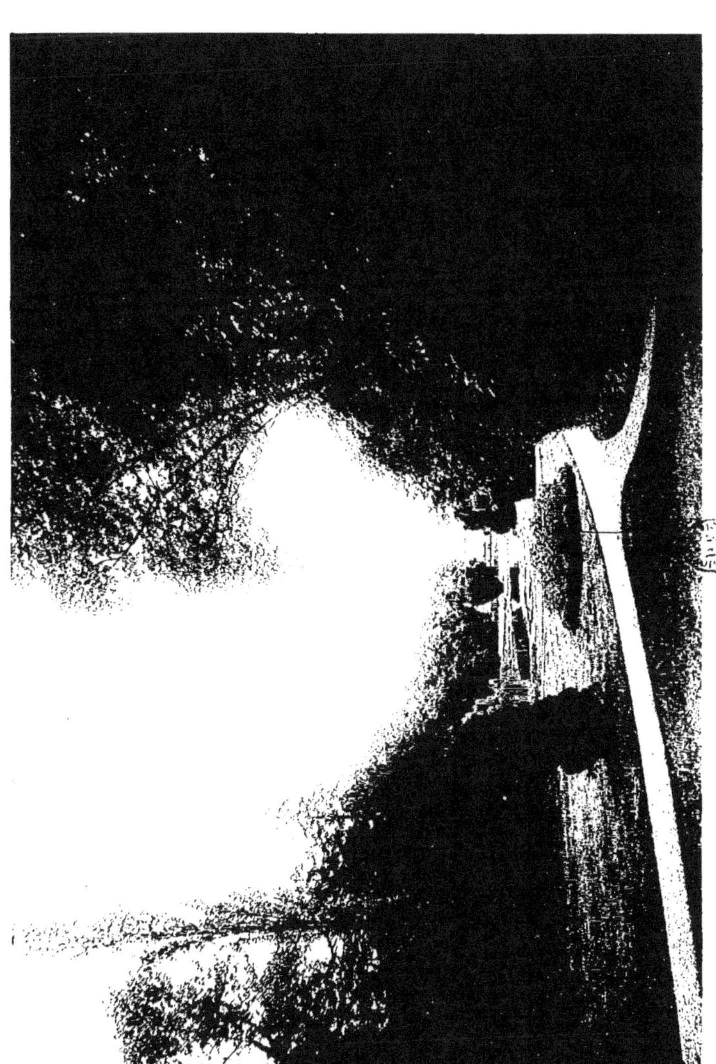

PL. 10

PL. 11

PL. 12

PL. 13

CHARMILLES DE LA ROSERAIE

2 CHARMILLES DE LA ROSERAIE

LES SERRES

PL. 17

PL. 18

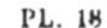

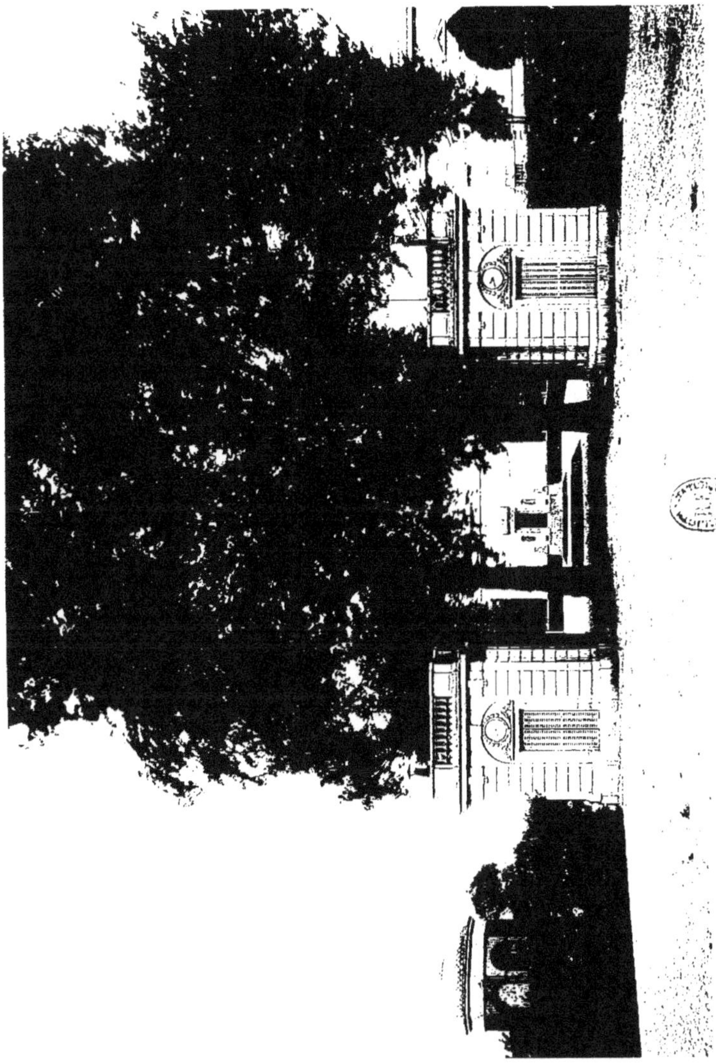

ENTRÉE DE LA COUR D'HONNEUR

CH. FOULARD, PARIS

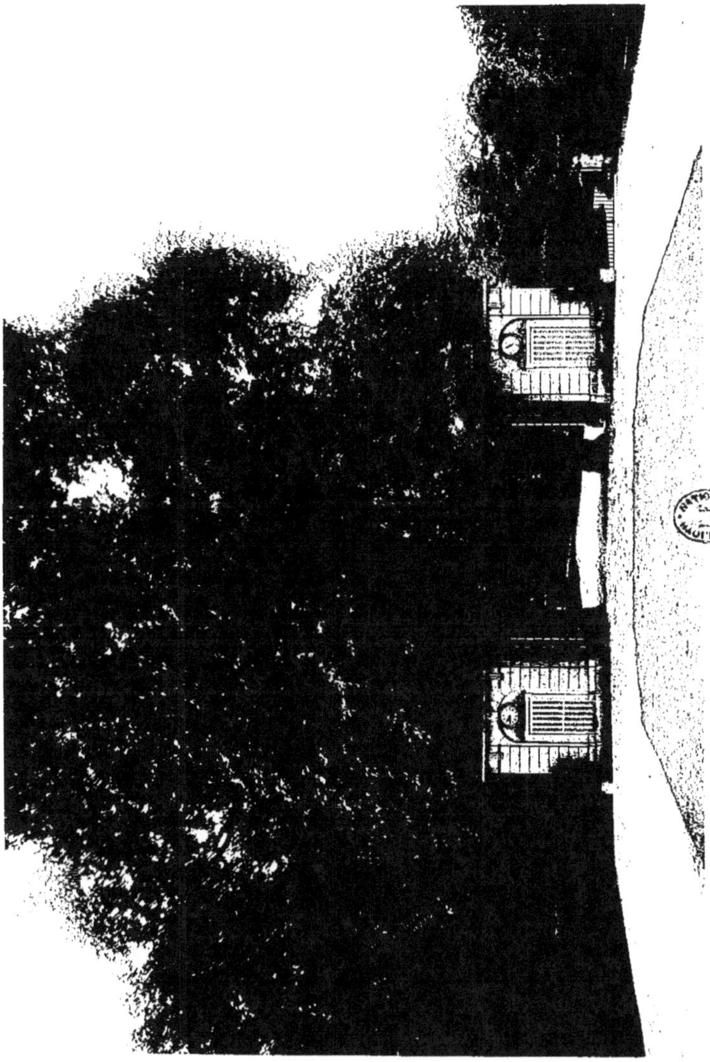

PL. 19

LES PAVILLONS A HORLOGE

DÉTAIL DE LA ROSE DES VENTS

PL. 21

LA COUR D'HONNEUR

PL. 22

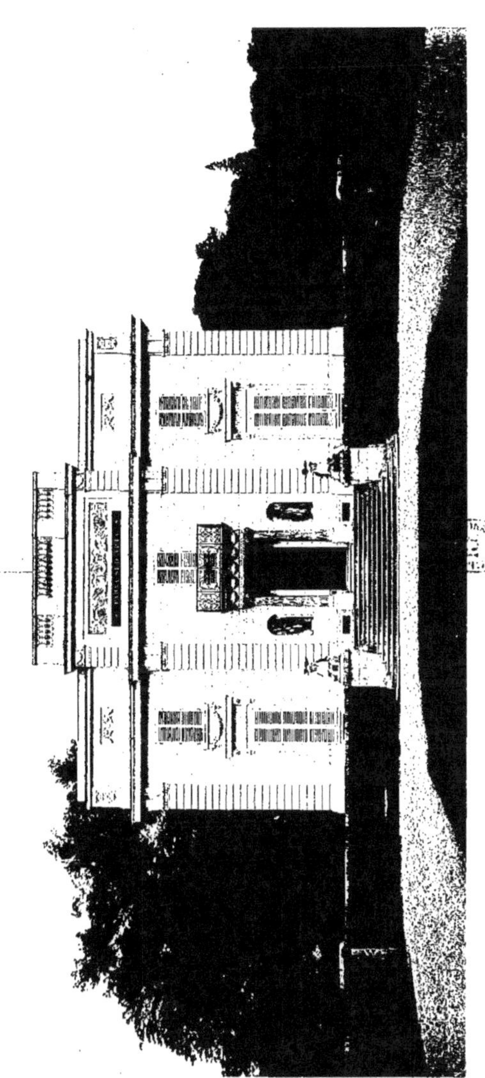

LE CHATEAU DE BAGATELLE

PL. 23

LE CHATEAU DE BAGATELLE, COTÉ DE LA TERRASSE

PL. 24

PL. 25

UN DES SPHINX DE L'ESCALIER

LAMPADAIRE DE LA TERRASSE

L'ENTRÉE DU CHATEAU

LE VESTIBULE - L'ESCALIER

DÉTAILS DU CALORIFÈRE

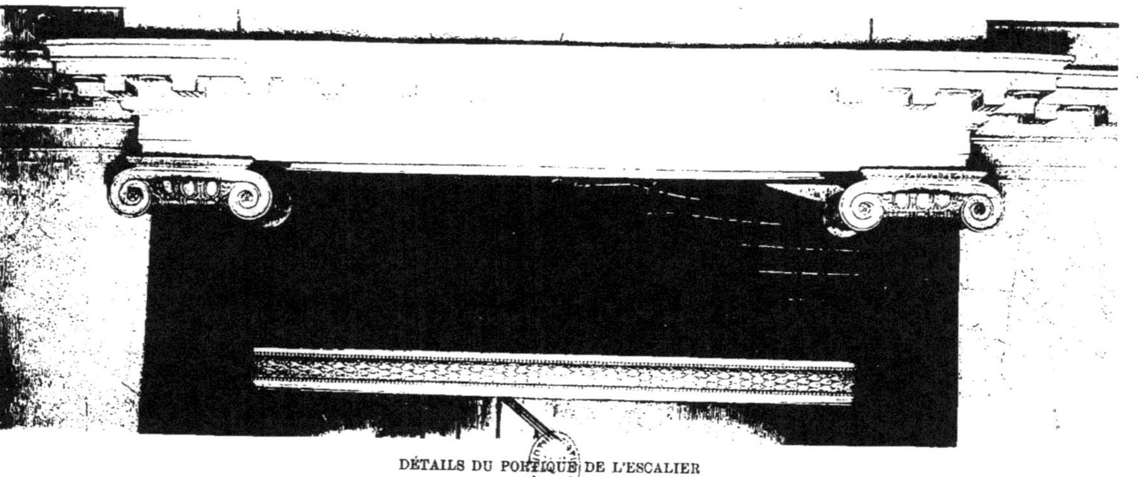

DÉTAILS DU PORTIQUE DE L'ESCALIER

DESSUS DES PORTES DU VESTIBULE

PL. 31

ENSEMBLE DU GRAND SALON DE MUSIQUE

PL. 32

CHEMINÉE DU GRAND SALON DE MUSIQUE

OULARD, PARIS

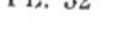

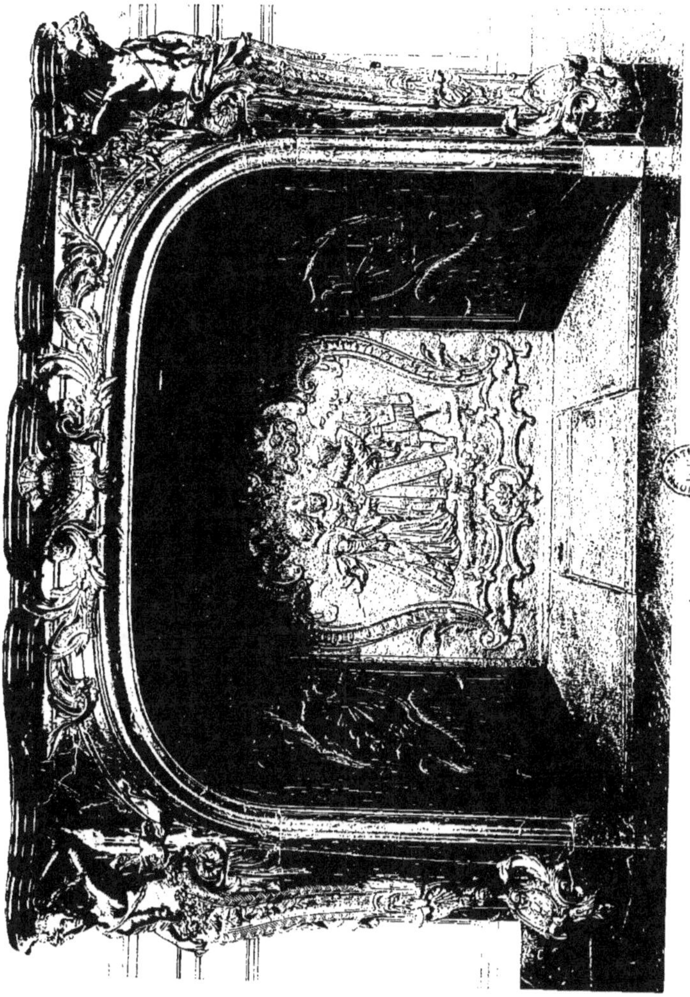

DESSUS DES PORTES DU GRAND SALON DE MUSIQUE

DESSUS DES PORTES DU GRAND SALON DE MUSIQUE

PL. 35

ENSEMBLE DE LA SALLE A MANGER.

PL. 36

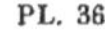

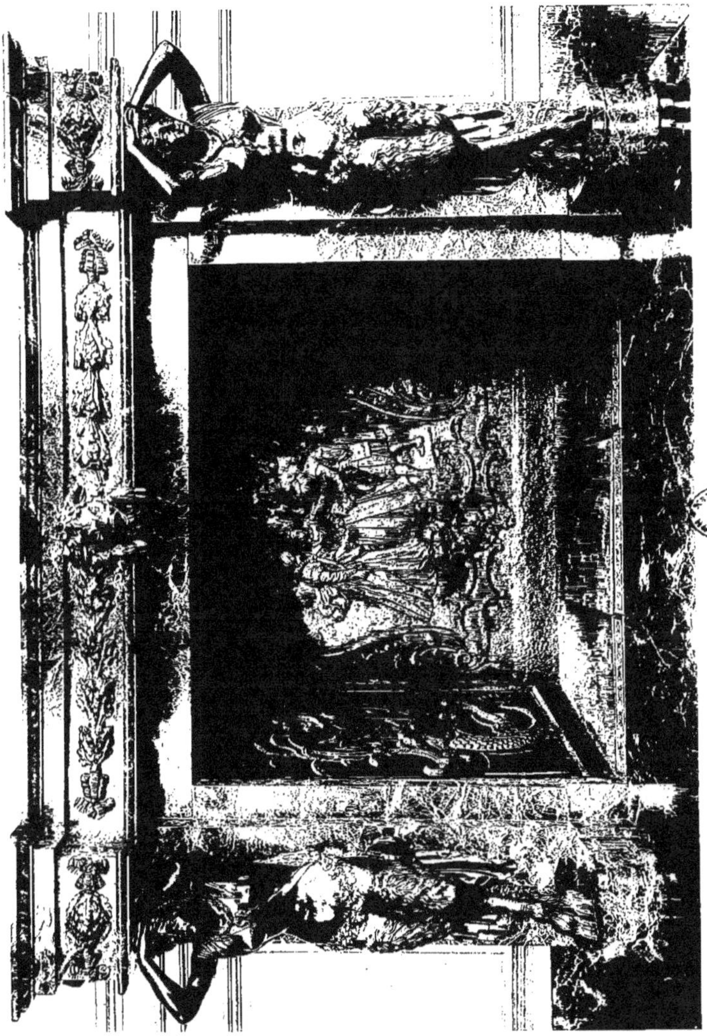

CHEMINÉE DE LA SALLE A MANGER

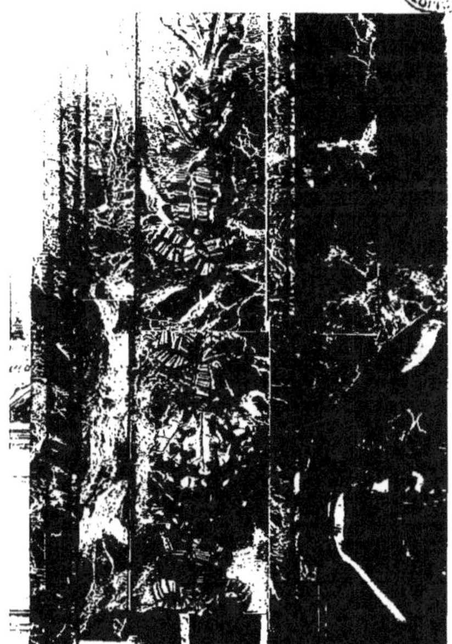

DÉTAILS DE LA CHEMINÉE

FONTAINE DE LA SALLE A MANGER

PL. 39

ENSEMBLE DU SALON-ROTONDE

SALON ROTONDE

PL. 41

CHEMINÉE DU SALON ROTONDE

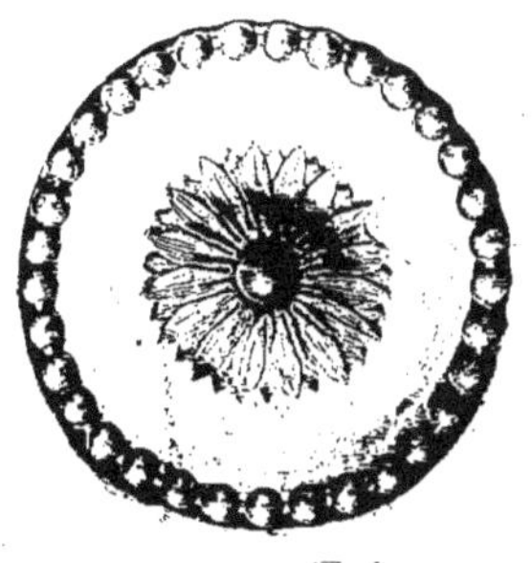

DÉTAILS DE LA CHEMINÉE DU SALON ROTONDE

PL. 43

PLAQUES DE LA CHEMINÉE DU SALON ROTONDE

PANNEAUX DU SALON ROTONDE

PL. 45

PANNEAUX DU SALON ROTONDE

PL. 46

PANNEAUX DU SALON ROTONDE

PANNEAUX DU SALON ROTONDE

PL. 48

PORTE DES BOUDOIRS

PL. 49

PARTIE SUPÉRIEURE DE LA PORTE DU BOUDOIR DE DROITE

PL. 50

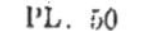

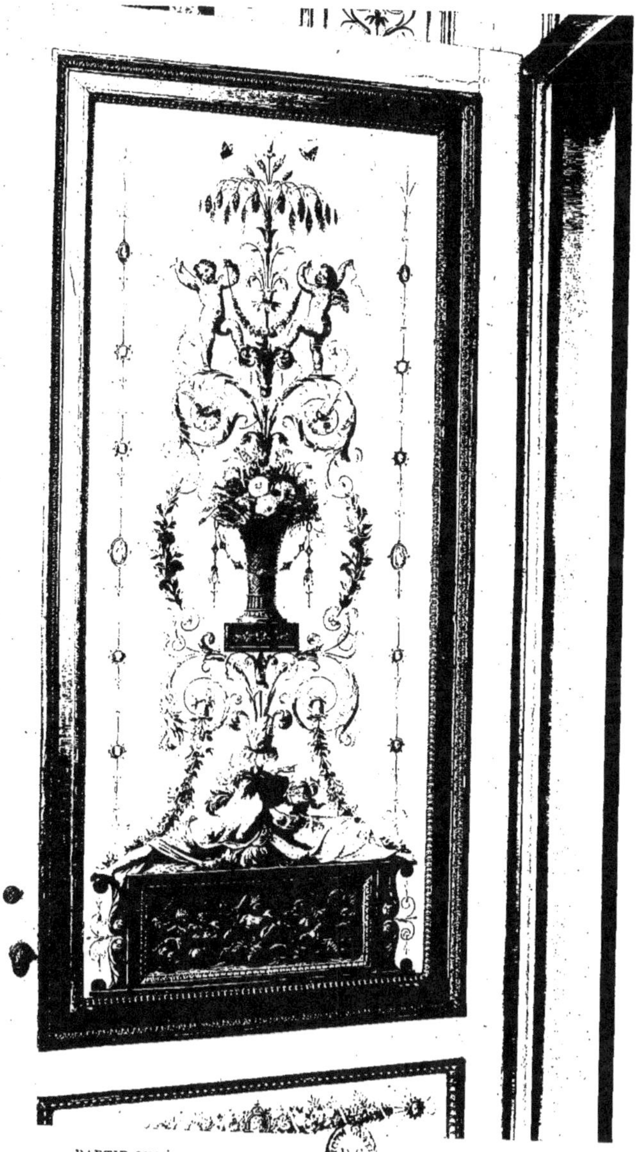

PARTIE SUPÉRIEURE DE LA PORTE DU BOUDOIR DE GAUCHE

PANNEAUX INFÉRIEURS DES PORTES DES BOUDOIRS

PL. 52

DÉCORATION ENTRE LES PORTES DU SALON ROTONDE

COUPOLE DU SALON ROTONDE

PL. 54

CHEMINÉES DES BOUDOIRS

PL. 55

DÉTAILS ET PLAQUE DE LA CHEMINÉE D'UN BOUDOIR

DÉCORATION DU PLAFOND DU BOUDOIR DE DROITE

PL. 57

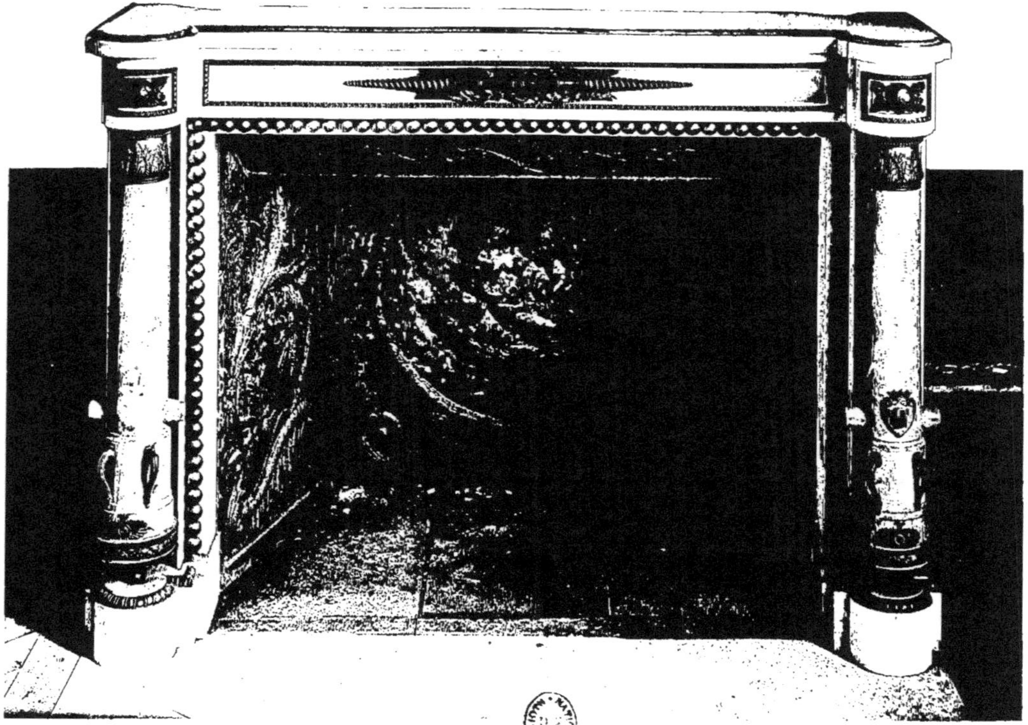

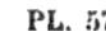

CHEMINÉE DU BOUDOIR DU 1er ÉTAGE
UN ÉCUSSON PORTE ENCORE LES INITIALES DU COMTE D'ARTOIS

FOULARD, PARIS

PORTE DU BOUDOIR DU Ier ÉTAGE

PL. 59

PANNEAUX DE LA FENÊTRE DU BOUDOIR DU Iᵉʳ ÉTAGE

PL. 60

CHEMINÉE DE LA CHAMBRE A COUCHER DU 1er ÉTAGE

DÉTAILS DE LA CHEMINÉE DE LA CHAMBRE A COUCHER DU 1er ÉTAGE

PL. 62

PLAQUES DE LA CHEMINÉE THYRSES (1er ÉTAGE)

PL. 64

CHEMINÉE TÊTES DE BOUCS (Ier ÉTAGE)

. FOULARD, PARIS

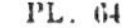

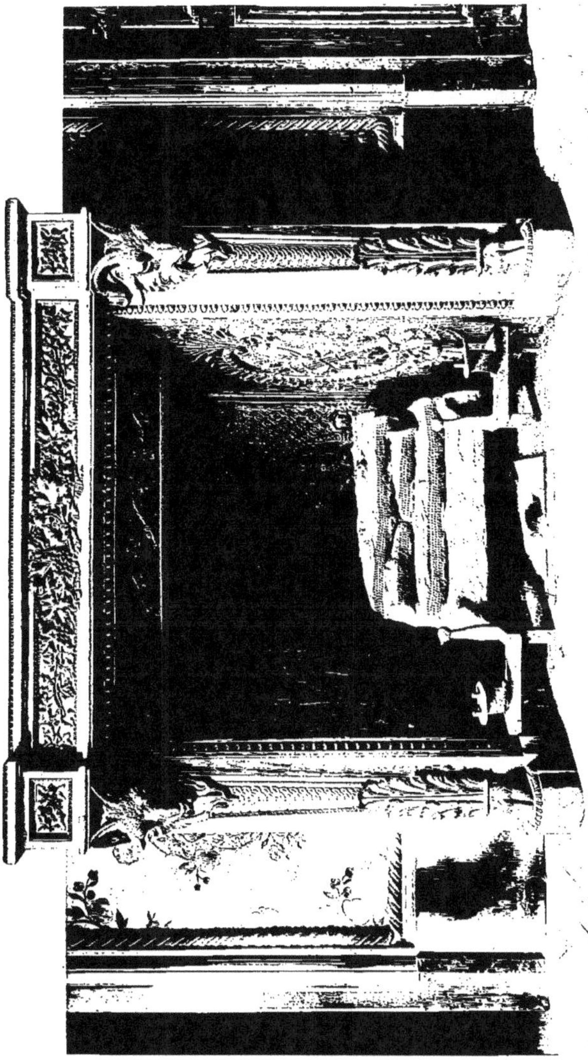

DÉTAILS DE LA CHEMINÉE, TÊTES DE BOUCS (Ier ÉTAGE)

CHEMINÉE DU SALON 1ᵉʳ ÉTAGE

PL. 67

DÉTAILS DE LA CHEMINÉE DU SALON 1er ÉTAGE

CHEMINÉE DU Ier ÉTAGE

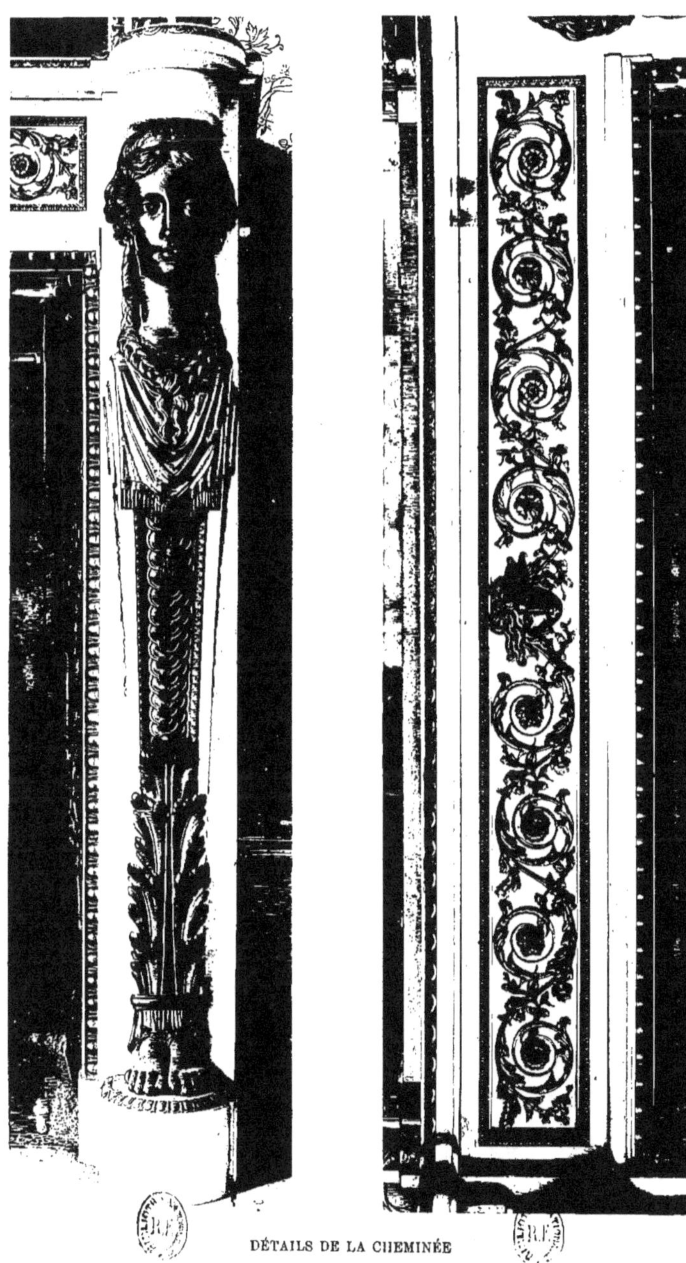

DÉTAILS DE LA CHEMINÉE

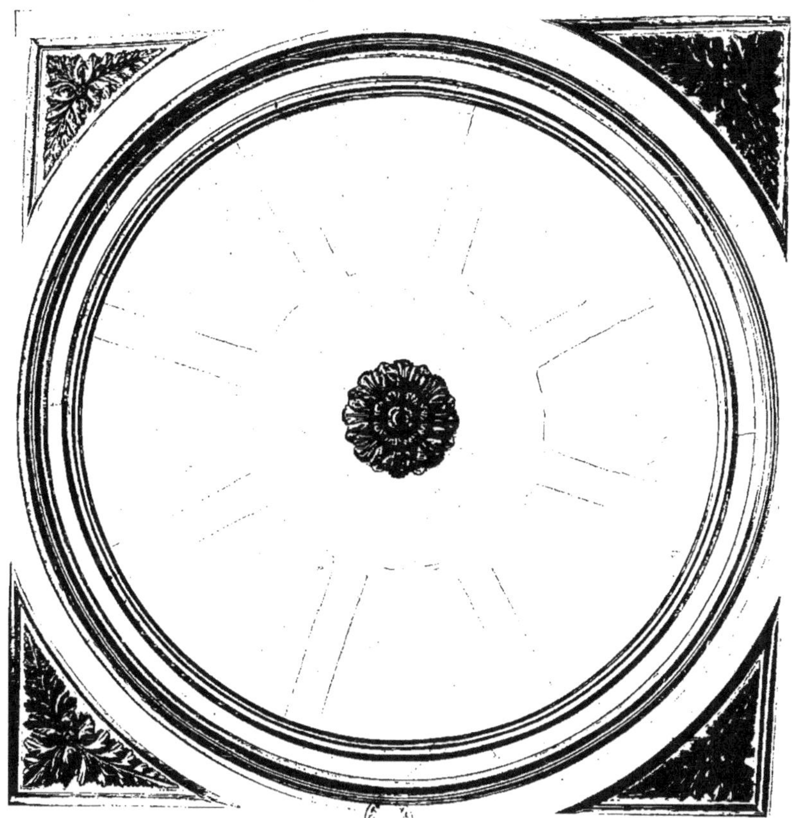

PLAFOND D'UN DES DÉGAGEMENTS DES SALONS DU REZ-DE-CHAUSSÉE

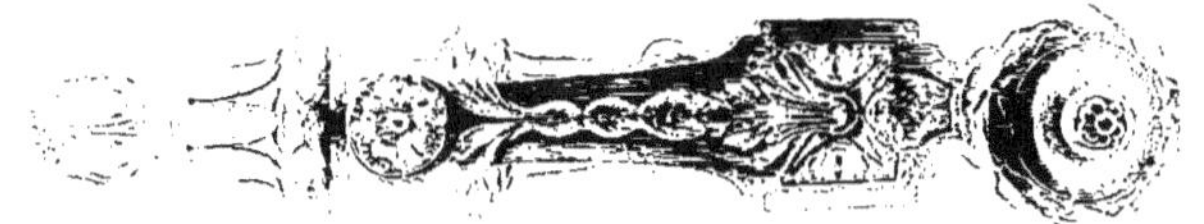

POIGNÉE D'ESPAGNOLETTE

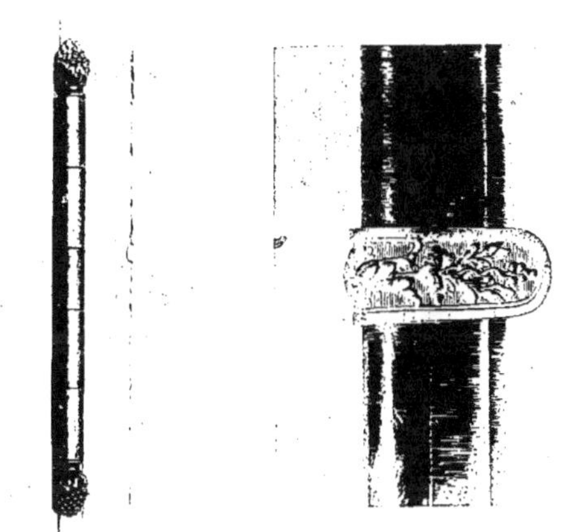

FICHE LARDÉE,

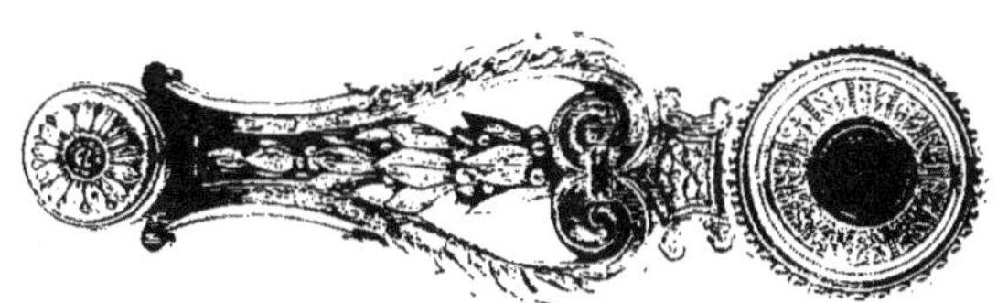

POIGNÉE D'ESPAGNOLETTE

DÉTAILS DE LA SERRURERIE

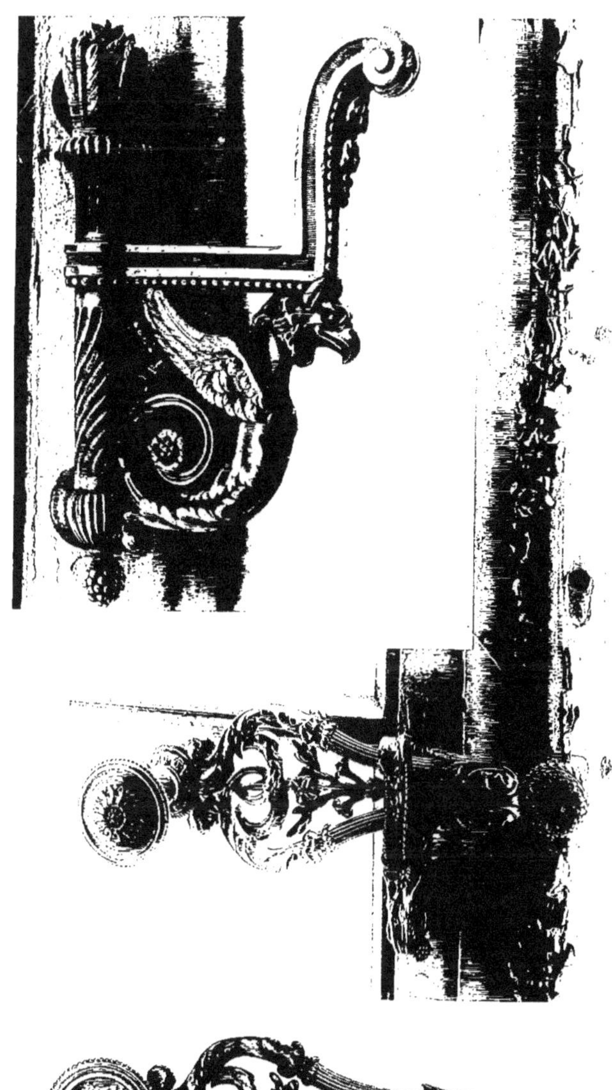

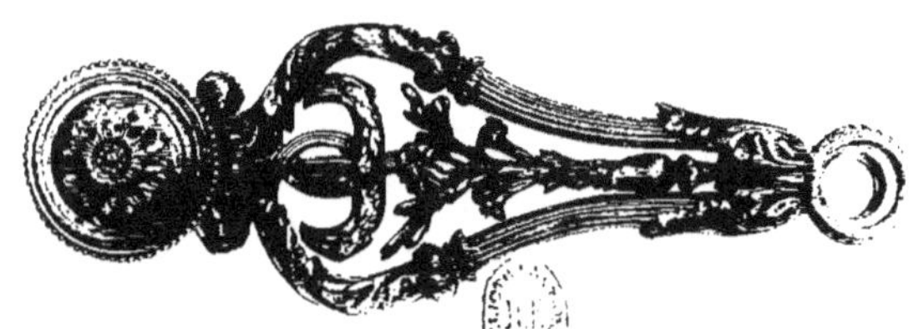

ESPAGNOLETTE ET DÉTAILS DU BOUDOIR GAUCHE DU REZ-DE-CHAUSSÉE

PL. 73

SERRURE DE LA PORTE D'ENTRÉE DU CHATEAU

SERRURE DU GRAND SALON

PL. 75

ESPAGNOLETTE D'UN BOUDOIR

BOUTONS DE PORTES

BOUTONS DE PORTES ET DE SONNETTES

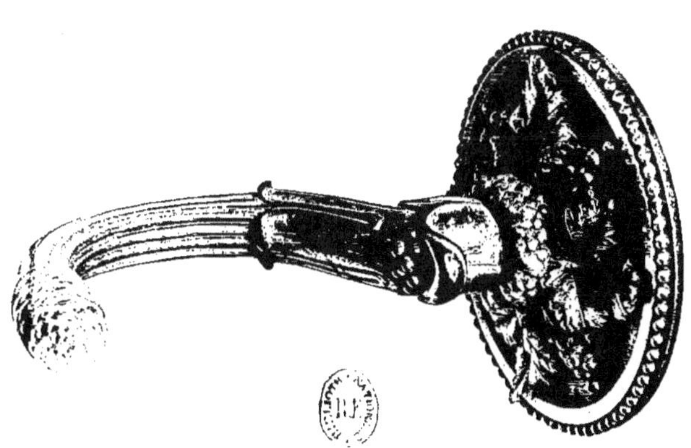

SUPPORT DE PINCETTES

BOUTONS DE LA SALLE DE BAINS

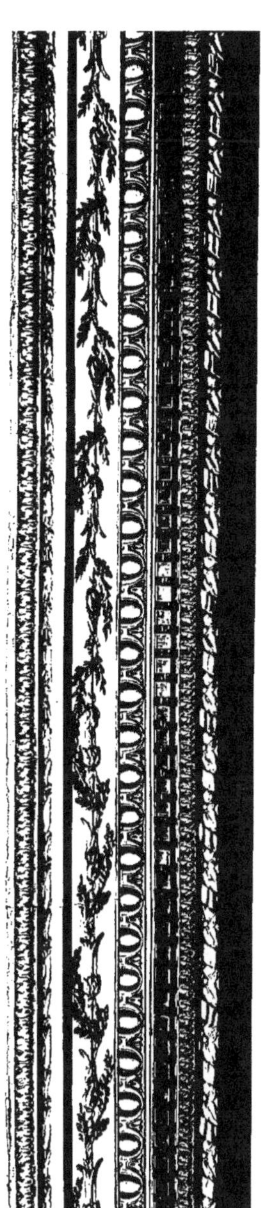

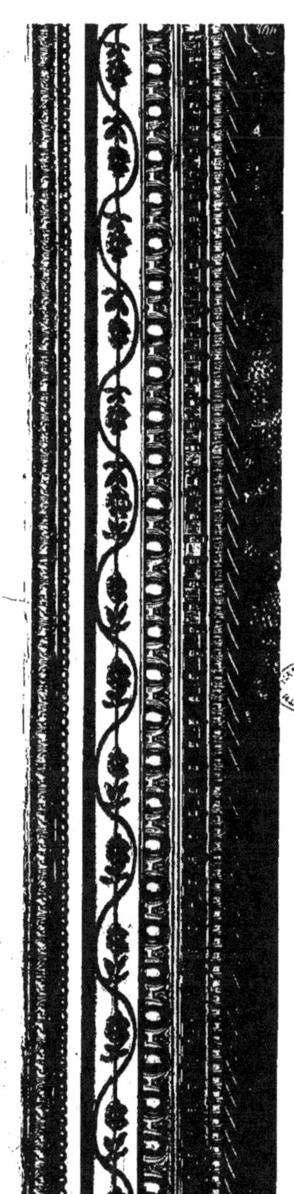

FRISES

DECORATIONS DES PLAFONDS

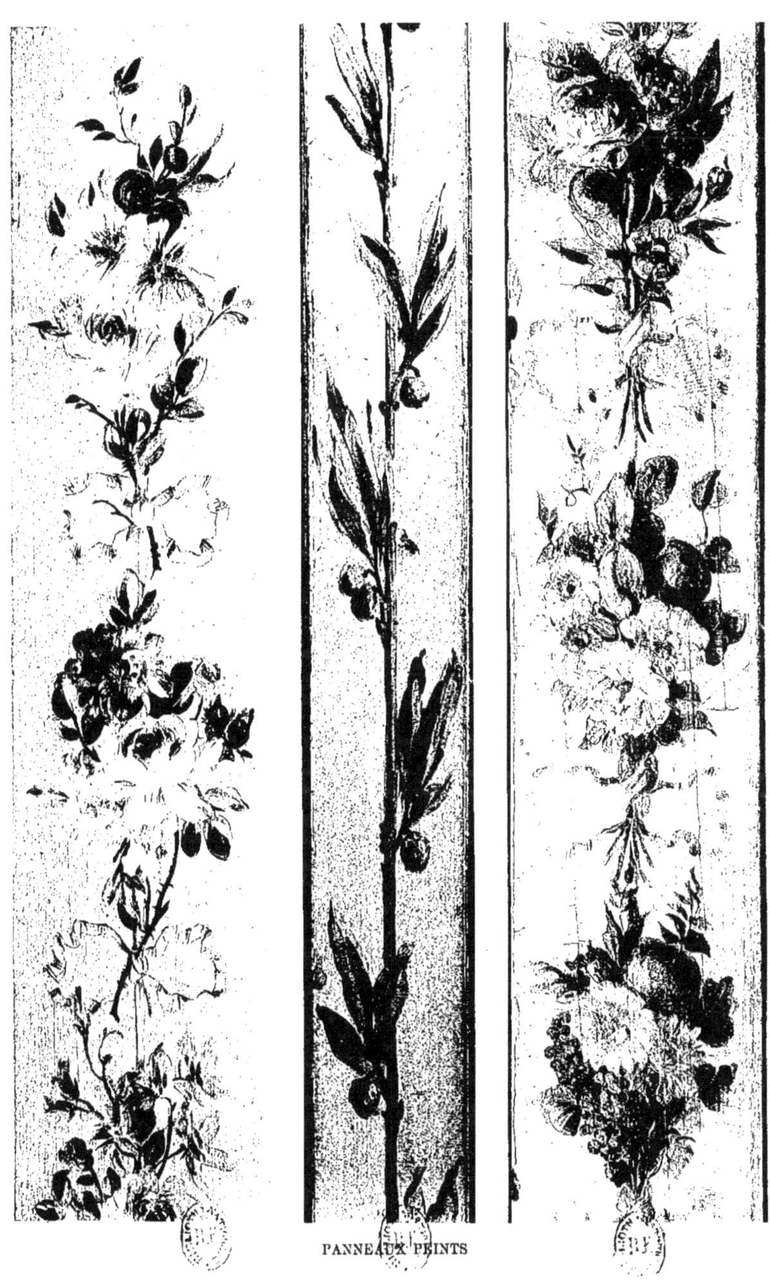

PANNEAUX PEINTS

PLAQUES DE CHEMINÉE

PL. 84

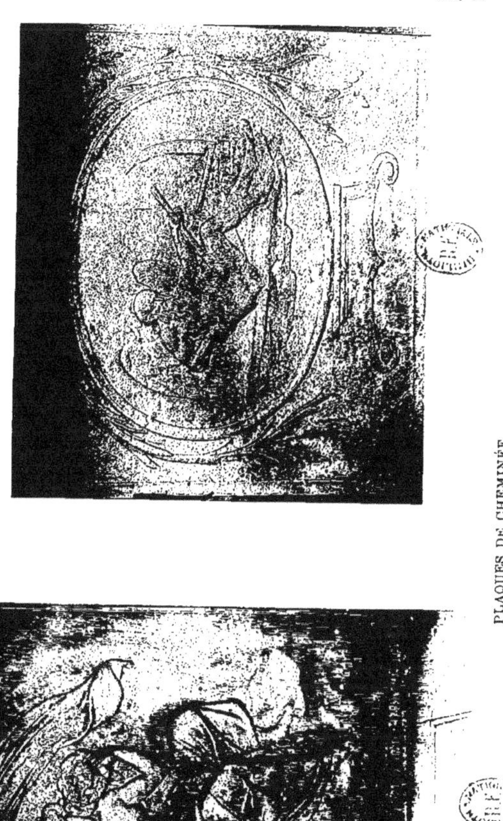

PLAQUES DE CHEMINÉE

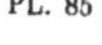

PLAQUES DE CHEMINÉE

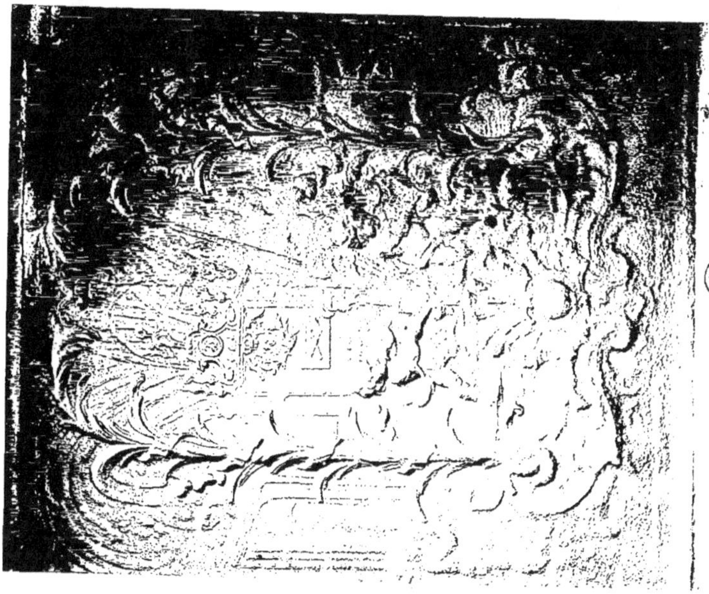

PL. 86

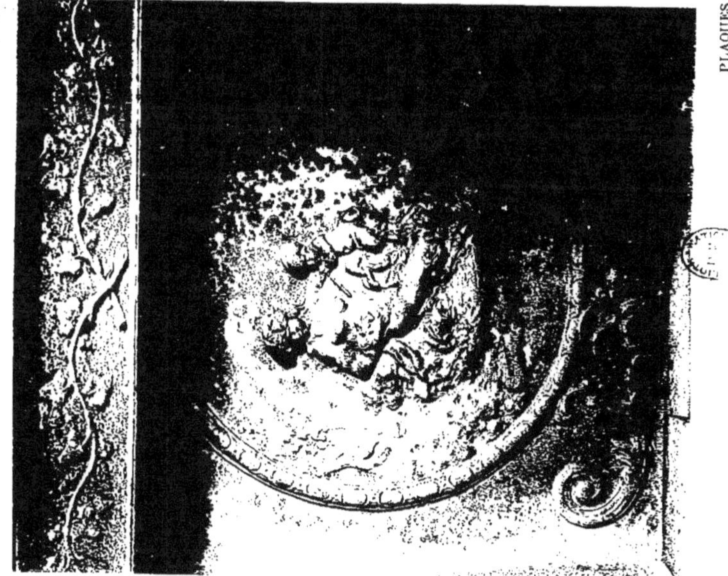

PLAQUES DE CHEMINÉE

FONTAINE DU 1er ÉTAGE

PL. 88

PAVILLON DU BORD DE L'EAU